어린이 제자훈련(고학년용) ● **인도자 지침서 2**

예닮학교

국제제자훈련원은 건강한 교회를 꿈꾸는 목회의 동반자로서 제자 삼는 사역을 중심으로
성경적 목회 모델을 제시함으로 세계 교회를 섬기는 전문 사역 기관입니다.

어린이 제자훈련 **고학년용 2 - 인도자 지침서**

예닮학교

초판 1쇄 발행 2009년 1월 30일
초판 5쇄 발행 2023년 8월 16일

지은이 사랑의교회 어린이 주일학교
펴낸이 오정현
펴낸곳 국제제자훈련원

등록번호 제2013-000170호(2013년 9월 25일)
주소 서울시 서초구 효령로68길 98 (서초동)
전화 02-3489-4300 **팩스** 02-3489-4329
이메일 dmipress@sarang.org

ISBN 978-89-5731-342-8 03230

『예닮학교』 매뉴얼

●●● 제자훈련의 성패는 교재에 있는 것이 아니라 지도자에게 달려 있습니다. 특히 귀납법적인 접근법을 사용하는 교재는 그 구성이 단조롭습니다. 때문에 가르치는 사람이 누구냐에 따라 모든 것이 결정된다고 해도 과언이 아닙니다. 지도자의 인격, 지도자의 영성, 지도자의 기술이 제자훈련의 수준과 질을 결정합니다.

특히 아이들을 훈련시키는 제자훈련에는 가르치는 교사의 책임이 더욱 막중합니다. 무엇보다도 하나님 앞에서 교사가 먼저 준비되어야 하며, 제자훈련을 위한 사전 준비가 잘 되어야 합니다. 지금부터 제자훈련을 진행할 인도자가 알아야 할 사항을 살펴봅니다.

1 『예닮학교』는 단순한 성경공부가 아닙니다.

배우고 보고 들은 것을 생활 속에서 실천하고자 노력해야 하는 제자훈련 과정입니다. 아이들에게 이 모든 것을 요구하기 위해서는 교사가 먼저 『예닮학교』를 배우고 보고 들은 것을 생활 속에서 실천하기로 다짐하고 노력해야 합니다. 스스로 경험한 것과 그렇지 않고 말만 하는 것은 천지차이입니다.

2 『예닮학교』에서는 지각과 결석을 용납하지 않습니다.

특별히 예수님의 제자가 되기로 결심한 만큼 시간과 마음, 몸 그리고 모든 것을 하나님께 헌신한다는 결심이 함께 따라와야 합니다. 이것은 교사가 먼저 실천해야 할 사항입니다. 교사가 먼저 본을 보이지 않으면 아이들은 교사의 말을 따르지 않을 것입니다. 말씀과 삶으로 본을 보이신 우리의 영원한 스승 예수님과 같이 아이들 앞에서 최고의 모습으로 본을 보일 수 있기를 기도하며 행해야 할 것입니다. 매주 모임 때, 교사는 학생들보다 먼저 와서 기도로 준비하고 아이들을 기다려야 합니다.

3 제자훈련을 가르치는 자는 오직 예수 그리스도이십니다.

그러므로 섬기는 교사가 먼저 솔선수범하고, 하나님 앞에서 올바로 서야 합니다. 아이들을 위해 시간을 내고 섬긴다는 마음 이전에 하나님 앞에서 자신을 먼저 돌아보아야 참되게 섬길 수 있습니다.

4 제자훈련은 삶 전체가 움직이는 것입니다.

이를 위해 『예닮학교』는 몇 가지의 생활 숙제가 계속 주어집니다. 교사는 먼저 이 모든 것을 숙지하고 있어야 합니다.

① 기도로 여는 하나님 나라!

기도는 놀라운 것입니다. 우리의 입술에서 흘러나간 기도는 하늘에까지 날아올라 하나님께 전달됩니다. 그러므로 기도는 우리의 생활 속에서 꼭 이루어지는 능력이요, 유일한 무기가 됩니다. 아이들이 참된 기도의 능력을 맛볼 수 있도록 도와주십시오.

기도는 요일별로 진행합니다. 기도 제목을 정하는 방식은 두 가지입니다. 첫째는 함께 훈련받는 친구들의 기도 제목을 적고 그것을 위해 하루 동안 기도합니다. 둘째는 자신이 가지고 있는 여러 가지 기도 제목(가족, 친구 등)을 적고 기도합니다. 자신을 위해 기도하기 전에 먼저 친구들을 위해 기도함으로써 중보기도의 능력을 맛보고, 이후에 자기 자신과 가족을 위해 기도함으로써 가정을 품고 자신을 사랑할 수 있는 마음을 갖게 됩니다. 이 모든 것은 하나님과 함께할 때만이 진정한 행복과 감사가 넘친다는 것을 깨닫게 하는 것이 목표입니다.

② 하나님과 함께 가는 길

하나님과 함께 걷는 삶은 쉽지 않습니다. 그러나 하나님 앞에서 자신을 돌아보는 것은 우리가 잊지 말고 해야 할 일입니다. 하나님 앞에서 우리는 완전하지 못합니다. 그래서 어렸을 때부터 자신의 모습을 돌아볼 시간을 갖는 것은 너무도 소중합니다. 그렇기에 간단하지만 훈련 속에서 다짐을 하며, 그 다짐을 통해 자신을 돌아보는 시간이 익숙해지도록 합니다. 이것은 두 가지 방법으로 나누어 진행합니다.

첫째, 하나님과 만나는 시간을 갖습니다. 그것을 다시 세 가지로 나누었습니다. 1. 나의 이번 주 기도 제목, 2. 내가 이번 주에 고치기로 다짐한 것, 3. 나라와 세계를 위한 기도 제목입니다. 나와 내 삶을 위한 기도뿐 아니라 내가 살고 있는 나라를 위해 기도할 수 있는 시간을 줌으로써 우물 안의 개구리가 아닌 하나님의 나라를 볼 수 있는 눈으로 기도하는 훈련을 쌓게 합니다. 지금은 어리지만 결국은 이 아이들을 통해 하나님 나라가 점점 더 완성돼 가고 있음을 느꼈으면 좋겠습니다.

둘째, 주일 설교에 대한 것을 적고, 깨닫고, 다짐한 것을 적습니다. 이렇게 함으로써 말씀이 삶에 직접 적용되게 하는 것이 그 목적입니다.

③ 매일 말씀과 함께…

교회에 열심히 다니는 친구들 중에 몇몇은 큐티를 합니다. 하지만 제자훈련 받는 친구들이라면 좀 더 깊이 말씀 속으로 들어가야 합니다. 그래서 제자훈련 교재 속에 틀을 마련했습니다. 말씀의 줄거리를 기억하며, 말씀을 통해 느낀 것을 적고, 그것을 삶에 적용합니다. 말씀이 삶 속에서 힘을 발휘하기 위해서는 실제로 적용되어야 하기 때문입니다. "말씀대로 살아요!"는 꼭 매일 매일 할 수 있도록 지도해야 합니다.

④ 일일시간표 만들기

하루하루 생활을 어떻게 하느냐는 정말 중요합니다. 사람은 누구든지 일과를 계획하지 않으면 시간을 낭비하고 맙니다. 일일시간표는 월요일부터 토요일까지 주어져 있습니다. 그러나 생활의 모든 것을 꼭 적으라는 말은 아닙니다. 최소한 제자훈련을 받으면서 꼭 해야 할 것들을 적을 수 있도록 지도하십시오. 그것은 제자훈련 본문 과제와 큐티 그리고 기도 시간을 반드시 갖는 것입니다. 모든 일과를 적어도 좋습니다. 단, 위의 세 가지 내용이 꼭 포함되어야 하고 실천되어야 합니다. 이를 확인하기 위해 실천한 것과 못한 것, 그리고 취소한 것을 색깔로 표시할 수 있도록 지도하십시오. 지킨 것은 녹색, 지키지 못한 것은 빨강색, 취소한 것은 노란색입니다.

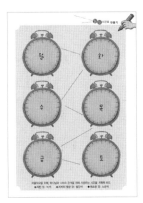

면접

제자훈련을 시작하기에 앞서 아이들의 마음을 사로잡아야 합니다. 제자훈련은 쉽지 않습니다. 그 이유는 제자훈련이 단순한 성경공부가 아니라 삶을 변화시키는 훈련이기 때문입니다. 따라서 처음 시작할 때의 마음이 아주 중요합니다. 그렇기 때문에 면접이라는 틀 안에서 첫 만남을 가집니다. 이 면접은 아이들의 마음속에 아직 하지 못한 다짐을 하게 함으로 스스로 진지하게 받아들이는 기회를 줍니다.

특별히 3학년 이상 어린이의 면접은 제자훈련 소그룹을 진행할 담임교사가 직접 해야 합니다. 그 이유는 면접을 통해 아이들이 다짐한 약속을 아는 교사가 직접 훈련 하는 것이 가장 효율적이기 때문입니다. 따라서 교사는 정돈된 마음으로 면접에 참여해야 하며, 면접하는 동안 아이의 상태와 마음가짐을 정확하게 체크하고 변화시킬 수 있어야 합니다.

1) 면접 문항

① 훈련의 지원 동기

② 훈련 신청이 아이의 의지인지, 아니면 주위(친구나 부모님)의 강압에 의한 것인지

③ 제자훈련에 대해 어떻게 이해하고 있는지, 왜 제자훈련을 받는지

이 부분에 대해서는 면접자 혹은 선생님이 제대로 알려 줄 필요가 있습니다(옥한흠 목사님의 책 『길』 참조). 훈련을 받는 목적에 대해서 설명해 주십시오. 개인적인 측면, 교회 공동체적인 측면, 사회적인 측면 등 여러 부분에 대해서 설명해야 합니다. 특별히 새로

운 신분(정체성)과 섬김, 주재권의 부분에 대해 간단히 강조해 주십시오. 어떻게 해야 제자훈련을 효과적으로 받을 수 있는지와 모든 하나님 나라의 훈련, 성장에는 반드시 대가가 있음을 이야기해야 합니다. 훈련은 단순한 성경공부도 아니고 훈련 프로그램도 아니며, 하나님 나라에 온전히 헌신하기 위한 영적 전투임을 설명해 주십시오. 바른 마음과 방향을 가지고 제자훈련에 임할 수 있도록 도와주십시오.

④ 신청자의 신앙 수준을 점검

지금 죽는다면 어디로 간다고 생각합니까?

⑤ 신청한 아이가 지금까지 얼마나 꾸준하게 신앙생활을 해왔는지 체크

갑자기 변화되어 열심히 신앙생활 하는 것도 은혜지만, 꾸준한 성실이 중요합니다. 최소 1년은 그 교회 안에서 신앙생활을 해야 합니다.

⑥ 훈련을 받으려면 시간의 헌신이 필요함을 강조

훈련받기 위해서는 하나님께 시간을 드릴 수 있어야 합니다.

⑦ 훈련뿐 아니라 예배의 중요함도 강조

훈련받는 아이가 소속된 반은 다른 반보다 더욱 예배 분위기가 좋고, 예배를 도와야지 방해해서는 절대 안 됩니다.

⑧ 헌금생활 체크

십일조에 대해 가르쳐야 합니다. 주일 헌금도 마음을 담아 드릴 수 있도록 알려 주십시오. 우리의 실제적인 삶은 하나님에 대한 신앙고백이며 헌신임을 설명해 줍니다.
헌금을 던지듯 드리는 모습은 잘못된 것임을 알려 주십시오.

2) 면접 준비 사항

안내문 숙지(신청서 안내문 및 "예닮학교를 시작하기에 앞서")
1과 준비해 오기!
말씀 외워오기: 로마서 10:9-10(안내문에 공지!)

목차

예수님은 어떤 분이실까?

제자훈련을 시작하기에 앞서 내가 알고 있는 예수님이 누구인지를 고백해 보는 시간입니다. 아는 그대로 적어오도록 지도해 주세요. 이것은 제자훈련을 시작하기 전 상태를 파악하기 위한 것이니 이에 대한 정답을 말하려고 애쓰지 않아도 됩니다. 또한 교사들도 아이들의 답에 대해 왈가불가 할 필요 없습니다. 혼자 알고 있으면서 제자훈련을 지도할 때 자료로 사용하십시오.

1. 내가 아는 예수님은 어떤 분인가요?

....

....

....

2. 예수님과 나의 차이점은 무엇일까요?

....

....

....

3. 예닮학교를 시작하면서 내가 한 다짐은 무엇인가요?

....

....

....

1과

예담학교 시작하기

네가 만일 네 입으로 예수를 주로 시인하며 또 하나님께서 그를 죽은 자 가운데서 살리신 것을 네 마음에 믿으면 구원을 받으리라 사람이 마음으로 믿어 의에 이르고 입으로 시인하여 구원에 이르느니라 ▪로마서 10:9-10

Who are you?

제자학교를 시작하는 친구라면 하나님 안에서 함께 자녀 된 친구들에게
자신을 자신 있게 소개할 수 있어야 합니다. 그러나 실제로는 그리 쉽지
않습니다. 다른 사람 앞에서 마음을 여는 것은 어렵기 때문이다. 그렇기 때문에 제자훈련을
인도하는 교사는 세 가지를 할 수 있어야 합니다. 첫째, 자신을 먼저 열 수 있어야 합니다.
선생님이 먼저 자신을 열 때 아이들도 마음을 엽니다. 둘째, 마음을 잘 열 아이를 먼저 결정
할 수 있어야 합니다. 아이들마다 성격과 성향이 다르므로 가장 먼저 발표할 수 있는 아이가
누구인지를 파악해야 합니다. 셋째, 순서를 정해야 합니다. 첫 사람을 정하고 나면 순서를
정해 주십시오. 규칙이 있을 때 아이들은 그 안에서 자유를 누립니다.

1) Who are you?

자신이 누구인지를 밝히는 방법은 여러 가지입니다. 교재에 주어진 내용은 가장 기본적인
것으로 모두 꼭 해야 하며, 이외에도 자신을 알릴 수 있는 것들을 하나 이상씩 발표할 수 있
게 합니다. 그럴 때 더욱 특색 있게 진행이 됩니다.

2) 제자훈련을 시작하며 다짐하기

제자훈련은 자기 스스로 하나님 앞에서 하는 훈련입니다. 자신의 마음이 먼저 준비되지 않
으면 훈련은 아무 효과도 없습니다. 지겹고 힘들기만 합니다. 따라서 새롭게 다짐하고 시작
하게 하는 것이 중요합니다. 부모님의 권유로 온 친구들이 있다면 스스로 다시 한 번 다짐하
게 하십시오. 다른 친구들 앞에서 질문들에 답할 수 있는 기회를 가져야 합니다. 나 혼자 알
고 있는 것이라면 변할 수도, 포기할 수도 있습니다. 그러나 하나님 앞에서, 친구들 앞에서
말한다면 그것은 진정한 다짐이 될 것입니다. 절대 빠뜨려서는 안 될 것입니다.

우리는 예수님을 중심으로 한 몸을 이루는 한 지체라는 하나님의 말씀을 기억하나요? 나 혼자 잘한다고 해서 잘되는 것이 결코 아닙니다. 예수님을 믿는 그 순간부터 우리는 함께 걸어가야 합니다. 이 세상이 끝날 때까지, 예수님이 오실 때까지 말이에요. 거짓으로 가득 찬 세상은 자기를 숨기고 살도록 만듭니다. 하지만 예수님을 믿는 빛의 자녀들은 그렇지 않아요. 당당하게 자기를 드러내 보세요. 심지어 자신의 생각, 마음까지도 하나님 앞에서 부끄러울 것이 없어요. 그리고 서로를 감싸 안아 주세요. 아픈 과거까지도 안아 주세요. 새로운 기쁨이, 세상이 알 수 없는 행복이 우리를 덮을 겁니다.

1 Who are you?

† 선생님의 성함은 무엇인가?

----

† 어디에 사세요?

----

† E-mail 주소도 가르쳐 주세요.

----

† 우리에게 바라시는 점을 말씀해 주세요.

----

† 선생님은 뭘 좋아하세요?

----

† 선생님께서 가장 좋아하시는 성경말씀은 무엇인가요?

----

† 선생님, 예수님을 믿으면서 가장 행복했던 일을 알려 주세요.

----

† 이름은 ?

† 어디에 사니?

† E-mail 주소는?

† 메신저는?

† 취미나 특기는?

† 지금까지 살면서 가장 기뻤던 일은?

† 기도 제목은?

† 이름은 ?

† 어디에 사니?

† E-mail 주소는?

† 메신저는?

† 취미나 특기는?

† 지금까지 살면서 가장 기뻤던 일은?

† 기도 제목은?

† 이름은 ?

† 어디에 사니?

† E-mail 주소는?

† 메신저는?

† 취미나 특기는?

† 지금까지 살면서 가장 기뻤던 일은?

† 기도 제목은?

† 이름은 ?

† 어디에 사니?

† E-mail 주소는?

† 메신저는?

† 취미나 특기는?

† 지금까지 살면서 가장 기뻤던 일은?

† 기도 제목은?

† 이름은 ?

† 어디에 사니?

† E-mail 주소는?

† 메신저는?

† 취미나 특기는?

† 지금까지 살면서 가장 기뻤던 일은?

† 기도 제목은?

2 나는 제자훈련을 왜 신청하게 되었나요?

3 여러분의 가족에 대해 알고 싶어요. 서로 이야기를 나누어 봅시다.

4 예수님을 믿은 후 언제 가장 기뻤나요? 그때 무슨 일로 그렇게 기뻤는지 이야기해 봅시다.

 실천하기 ┄┄┄┄ 친구들을 위해 내가 해야 할 일이 무엇인지 생각하고 적어 봅시다.

{ 기도로 여는 하나님 나라!

 기도는 놀라운 것입니다. 우리의 입술에서 흘러나간 기도는 하늘에까지 날아올라 하나님의 가슴에 전달됩니다. 그러므로 이 기도는 우리의 생활 속에서 꼭 이루어지는 능력이요, 우리의 유일한 무기입니다. 참된 기도의 능력을 맛보세요.

요 일	기도 대상자	기 도 제 목
일		
월		
화		
수		
목		
금		
토		

{ 하나님과 함께 가는 길

예수님의 생각을 따라 생각하고, 예수님이 행하신 대로 행동하며, 나보다 남을 위해, 나보다 하나님의 나라를 위해, 나를 자랑하기보다 하나님의 영광을 위해 살아가는 삶을 위해 다음을 실천해 봅시다.

1 매일 시간을 정해서 하나님과 대화하기

1 나의 이번 주 기도 제목

....

2 내가 이번 주 고치기로 다짐한 것

....

3 나라와 세계를 위한 기도 제목

....

2 매일 성경 말씀을 읽으며 하나님의 생각과 같은 생각하기

1 설교 말씀을 통해 내가 깨달은 것은?

....

2 하나님의 자녀로서 세상의 빛과 소금이 되기 위해 실천하기로 다짐한 것은?

....

년 월 일 (월) 본문 :	
줄거리	
느낀 점	
적용하기	

년 월 일 (화) 본문 :	
줄거리	
느낀 점	
적용하기	

년 월 일 (수) 본문 :	
줄거리	
느낀 점	
적용하기	

년 월 일 (목) 본문 :	
줄거리	
느낀 점	
적용하기	

년 월 일 (금) 본문 :	
줄거리	
느낀 점	
적용하기	

년 월 일 (토) 본문 :	
줄거리	
느낀 점	
적용하기	

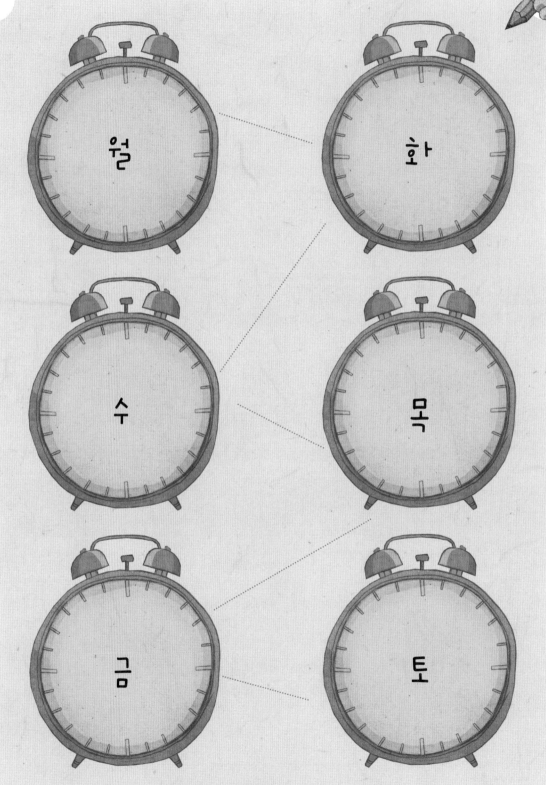

예닮학교를 위해 사용할 시간을 계획해 봐요.
● 지킨 것: 녹색   ● 지키지 못한 것: 빨강색   ● 취소한 것: 노란색

"철민아, 미안해!"

"어린이를 위한 제자 이야기" 시리즈 중, 제1권 『철민아, 미안해!』를 읽고 감상문을 써 봅시다. (출판사 : 국제제자훈련원)

예수님이 만난 사람들

마태복음 4:18–22
마가복음 2:13–17; 10:17–31
사도행전 9:1–22

예수께서 이르시되 손에 쟁기를 잡고 뒤를 돌아보는 자는 하나님의 나라에 합당하지 아니하니라 하시니라 ▪ 누가복음 9:62

1) 도입

"나를 따르라!" 이 말을 가장 실감 있게 하는 친구를 선정하여 선물을 주세요!

2) 과제물 점검

① 큐티 점검
한 주 동안 묵상한 말씀 중 가장 은혜로웠던 말씀을 한 가지씩 나눕니다.

② 성구 암송
"예수께서 이르시되 손에 쟁기를 잡고 뒤를 돌아보는 자는 하나님의 나라에 합당하지 아니하니라 하시니라"_누가복음 9:62.

③ 기도 나눔!
지난 주 가장 열심히 기도했던 기도 제목은 무엇이었나요?
간절한 마음으로 기도한 것이 무엇인지 고백하는 것은 중요합니다.

④ 설교 나누기
지난 주 설교가 무엇이었는지, 설교를 듣고 행한 일이 무엇이었는지 나눕니다.

⑤ 독서 과제 나누기
"어린이를 위한 제자 이야기" 시리즈 중 제1권『철민아, 미안해!』

⑥ 일일시간표 나누기
제자훈련을 위해 사용한 시간을 중점으로 나눕니다.
매일 하는 것이 중요합니다!

3) 이 과의 목적

우리가 먼저 예수님을 찾아 온 것이 아니라 예수님이 먼저 찾아오셨습니다. 예수님의 사랑을 받고 그 말씀을 삶에서 순종하는 자가 진정한 하나님의 백성입니다.

사람들은 모두 자기 마음이 원하는 대로 살아가면 되는 줄 알고 있죠. 하지만 실상은 그렇지 않답니다. 제 아무리 잘난 척하고 뽐내며 살아도 그것은 껍데기에 불과하죠. 그러나 우리가 예수님을 만나게 되면 우리는 우리를 덮고 있던 껍데기에서 벗어나 우리의 참 모습을 보게 될 것입니다. 그리고 우리가 어떤 사람인지 깨닫게 될 것입니다. 오늘 우리는 예수님을 만난 일곱 사람을 보게 됩니다. 이 사람들을 보면서 우리가 어떻게 해야 우리의 껍데기를 벗을 수 있는지 깨닫게 되기를 바랍니다. 자, 지금부터 출발해 볼까요?

† 마음을 열어요!

1   지난 일주일 동안 각자가 읽고 감상문을 써온 "철민아, 미안해!"를 가지고서 자신이 느낀 것을 나누어 봅시다.

....

2   새롬이의 모습과 자신의 모습을 비교해 볼까요? 혹시 차이점이 있나요? 어떤 차이점이 있는지 말해 봅시다. 자신의 경험을 토대로 이야기해 보면 더욱 좋을 것 같아요.

....

† 말씀의 문을 열어요!

3 마태복음 4장 18~22절, 마가복음 2장 13~17절, 사도행전 9장 1~22절에서 예수님을 만난 사람들은 누구누구인가요?

★ 마태복음 4:18~22

베	드	로		안	드	레
	야	고	보		요	한

예수님은 갈릴리 해변에 가셔서 자신의 제자들을 찾기 시작하셨습니다. 그들은 고기를 잡는 어부들이었습니다. 예수님은 그들을 향해 "사람을 낚는 어부가 되게 하리라"고 말씀하셨습니다. 그들은 바로 예수님을 따랐습니다.

★ 마가복음 2:13~17

알	패	오	의 아들	레	위

예수님은 다시 바닷가에 나가셔서 무리를 가르치시고 지나가시다가 "나를 따르라"고 말씀하셨습니다.

★ 사도행전 9:1~22

사	울

예수님의 말씀을 전파하는 자들을 잡으려고 다메섹으로 가던 사울에게 예수님은 빛으로 나타나셨어요. 사울의 눈을 멀게 하고, 아나니아를 통해 안수하게 하시면서 "택한 나의 그릇이라"고 말씀하셨습니다.

4 위의 인물들은 예수님을 만났습니다. 그런데 어떻게 이들이 예수님을 만나게 되었을까요? 보물을 찾듯이 예수님을 찾아 헤매다가 만나게 되었을까요? 말씀에서 어떻게 만나게 되었는지 알아 보세요. (힌트, 예수님을 만나게 된 상황이 모두 똑같아요!)

제자들은 예수님을 찾기 위해 헤맨 적이 없었어요. 도리어 예수님이 직접 제자들이 살고 있는 곳을 찾아 가셨지요. 사울 또한 그가 갈 길을 가고 있을 때 직접 찾아가셔서 만나 주셨습니다. 사울은 예수님이 누구인지도 몰랐으며, 예수님의 목소리를 듣고 깜짝 놀라고 말았죠. 분명히 예수님을 만난 사람들은 아무런 노력도 하지 않았어요. 대신 예수님께서 직접 찾아가셨고 그들을 부르셨습니다.

5 성경에 나온 이 세 인물들이 예수님을 만났을 때, 예수님은 이들에게 똑같은 말씀을 하셨습니다. 그러자 이 인물들은 똑같이 행했습니다. 그 똑같은 말씀과 행동이 무엇일까요? 말씀을 자세히 읽고 찾아 보세요. (참고하세요. 마태복음 4:20; 마가복음 2:14; 사도행전 9:20)

예수님은 그들을 보자마자 "나를 따르라"고 말씀하셨어요. 그리고 "내가 너희를 사람을 낚는 어부가 되게 하리라"고 하셨죠. 이것은 그들을 예수님의 제자로서 살아가게 하신다는 것이었습니다. 이 말을 들은 제자들은 모든 것을 버려두고 예수님을 따랐어요 (마태복음 4:20-22).

알패오의 아들 레위도 세관에 앉아 있다가 예수님의 말씀을 듣고 바로 일어나 예수님의 뒤를 따랐습니다(마가복음 2:14).

사울 또한 다메섹으로 가던 도중 예수님을 빛으로 만납니다. 빛으로 인해 볼 수 없게 되었지만 아나니아를 통해 다시 보게 된 후 강건해지자 바로 회당에 나가 예수가 하나님의 아들이심을 전파하였습니다.

우리가 교회에 나오듯이 예수님을 찾아 다녀야 하는 줄로 착각할 수 있어요. 하지만 그렇지 않습니다. 예수님께서 우리를 먼저 사랑하셨습니다. 그래서 이 세상이 창조되기 훨씬 이전부터 우리를 향한 계획을 가지시고 우리를 만드셨어요. 하지만 우리의 죄악으로 인해 하나님의 곁을 우리가 떠나고 말았죠. 그렇지만 하나님은 우리를 다시 돌이키시고 만나시기 위해 그분의 아들, 예수님을 이 땅에 보내셨습니다. 예수님은 하나님과 우리 사이를 화목케 하시려고 십자가에 못박혀 죽으셨죠. 하나님께서 우리를 만나고 싶어 하십니다. 마치 잃어버린 한 마리의 양을 찾아서 밤이 되도록 찾으시는 것처럼, 지금도 우리를 만나기 원하셔서, 우리 마음의 문 밖에 서서 문을 두드리고 계신답니다. 그리고 예수님을 만난 사람들은 모두 변하여 예수님을 따랐습니다. 그런데 한 사람은 아니었죠.

Tip 과연 그렇다면 예수님이 찾았던 인물들은 어떤 사람이었을까요? 최고의 어부였나요? 최고로 인정받는 사람들이었습니까? 이 문제에 대해 아이들과 함께 반드시 짚어 보아야 합니다.

6 마가복음 10장 17~31절에 나오는 인물은 어떤 사람인가요?

예수님께 나온 청년은 '영생'을 얻고자 하는 사람이었습니다. 그는 청년이었고(마가복음 19:20), 부자였으며(10:22), 관원이었습니다(누가복음 18:18). 그는 열정적인 사람으로 예수님께 달려와 꿇어앉아 영생에 대해 질문할 정도로 영생에 대해 관심이 많았고, 그 영생을 얻기 위해 열심이었습니다. 그는 예수님이라면 충분히 영생에 대해 가르쳐 줄 수 있는 분이라고 생각했습니다.

청년의 질문("영생을 얻기 위해서 무엇을 해야 합니까?")에 대해 예수님은 십계명을 먼저 말씀하셨습니다. 이것은 아주 의미 있습니다. 우리는 영생을 얻기 위해서라면 십계명 즉, 율법은 전혀 상관없다고 생각하는 경향이 있습니다. 그러나 그렇지 않습니다. 예수님은 율법을 완성하러 오신 율법 그 자체이십니다. 따라서 율법을 지키는 것도 영생을 위한 하나의 필요요건입니다.

그러나 예수님의 말씀은 이것으로 끝나지 않습니다. 예수님은 "네가 가진 것을 다 팔아 가난한 자에게 주어라 그리하면 하늘에서 보화가 네게 있으리라 그리고 와서 나를 따르라"고 말씀하셨습니다. 이 말씀은 무엇을 의미할까요? 재물이 문제가 된 것입니다. 모든 재물을 하나님께 드리는 것이 요점이 아닙니다. 이 청년에게는 재물이 예수님을 따르는 데 걸림돌이 된 것입니다. 결국 청년은 예수님의 명령을 따르지 못합니다. 자신의 한 가지가 그의 발목을 잡아 예수님을 따르지 못하게 했습니다.

7 앞에서 본 인물들과 달리 이 사람은 어떻게 해서 예수님을 만나게 되었나요?

(마가복음 10:17)

예수님께서 길에 나가실 때 달려왔습니다. 그리고는 꿇어앉았습니다.
누가 봐도 청년은 예수님께 먼저 찾아왔습니다.

8 예수님이 사람들을 만나실 때마다 하신 말씀이 있어요. 무슨

말씀이었나요? (마가복음 10:21)

예수님은 모든 계명을 지키는 청년이 사랑스러우셨어요. 그래서 그가 가지지 못한 한 가지를 말씀하십니다. 그것은 예수님을 따르라는 것이었죠.

9 예수님의 말씀에 이 사람은 어떤 마음이 들었고, 또 어떻게 했나요?

(마가복음 10:22)

청년은 자신의 재물을 생각하며 슬픈 기색을 띠고 근심하며 예수님 곁을 떠났습니다.

10 예수님의 부르심에 따르지 못한 이 사람은 결국 어떻게 되었나요?

(마가복음 10:23~30)

예수님은 청년과의 만남을 끝내자마자 바로 부자가 천국에 들어가기 어렵다는 것을 비유로 말씀하십니다. 결국 자신의 것을 주님을 위해 포기하지 못하면 영생을 얻지 못한다는 것입니다.

아무리 참 진리를 찾고자 노력해도 예수님의 부르심에 '네, 주님. 제가 저의 모든 것을 버려두고 주님을 따르겠습니다'라고 대답을 할 수 없으면, 우리는 예수님의 제자가 될 수 없을 뿐 아니라 구원도 얻을 수 없습니다. 모든 것을 버린다는 것은 자기의 마음을 세상으로부터 빼앗아서 예수님께 드리는 것을 의미합니다. 예수님을 따른다는 것은 나의 모든 것을 예수님의 말씀에 비추어 생각하는 것을 말합니다. 이것은 예수님께서 행하신 것을 기억하고 생활 가운데서 실천하는 것입니다. 무엇보다 마음으로 예수님을 따라가야 하는 것이죠.

† 말씀의 씨앗을 뿌려요!

11 지금 이 시간에도 예수님은 여러분의 마음의 문을 두드리고 계시며 묻고 계십니다. "○○야, 너의 모든 것을 버리고서 나를 좇아라!" 이 물음에 여러분의 솔직하고도 가슴에서 우러나오는 대답을 해보기 바랍니다.

아이들이 무엇을 적어오는지는 중요하지 않습니다. 그것을 인정해야 합니다. 단, 왜 그런 생각을 했는지 물어볼 수 있어야 합니다. 그리고 그것을 위해 어떤 변화를 다짐했는지 물어 보아야 합니다. 선생님부터 말해 주는 것은 아주 효과적입니다. 그리고 서로가 서로를 위해 말해 주는 시간을 가지세요. "○○야, 너의 모든 것을 버리고서 나를 좇아라!" "네! 예수님 그렇게 하겠습니다!"

12 예수님을 따르기 위해서는 자기의 모든 것을 버려야 한다고 예수님은 분명히 말씀하셨습니

다. 여러분이 가진 것 중에 예수님을 따르고자 하는 마음을 방해하는 것이 있다면 어떤 것이 있는지 고백해 봅시다.

진실 된 대답이 가장 정답입니다. 아이들이 적어 온 답을 서로 대답하게 하세요. 고백의 한 모습이 될 것입니다. 그리고 서로 공유할 수 있도록 다른 친구에게도 물어 보세요. 그러면 자기 혼자만 하는 것이 아님을 알고 자신 있게 고백할 수 있을 것입니다. 대신 그 모든 것이 잘못이라는 것을 꼭 짚어 주어야 합니다. 예수님께서 청년과 이야기 한 후 베드로의 고백을 듣고 칭찬하신 후 다시금 "나중 된 자가 먼저 된다"라고 말씀하시므로써 교만치 않게 하신 것처럼 말입니다.

13 오늘, 하나님께 기도하면서 앞으로는 어떤 일이 있어도 예수님만 따르는 이 길을 포기하지 않겠다는 굳은 결심과 여러분의 마음 전부를 바쳐서 따르겠다는 헌신의 기도를 주님께 드립시다. 그리고 오는 일주일 동안 새롬이처럼 어떻게 예수님을 따라갈 것인지 결심합시다.

실제적인 접근입니다. 이 질문에 대해 아이들이 예습해 오기란 쉽지 않습니다. 해 왔을지라도 그 깊이는 약할 것입니다. 지금까지 함께 나누었던 말씀을 정리하는 총정리 시간으로 활용하십시오. 여기서 절대 포기해서는 안 될 것은 바로 실천입니다. 우리가 하나님의 자녀이며, 예수님의 제자이라면 꼭 잊지 말아야 할 것들이 있습니다. 그 중 잘못하는 것들을 고백하게 하며 결단한 것을 실천으로 옮길 수 있게 합니다. 이 문제는 바로 "실천하기"와 연결됩니다.

내가 버려야 할 것과 실천할 것을 생각하고 나누어 준 종이에 적어봅니다.

★ **준비물** 각 반별로 아이들 숫자만큼 다른 색깔의 종이(초등부에서 준비하겠습니다.)

★ **방법**

1. 내가 버려야 할 것과 실천할 것을 종이에 적습니다.

2. 적은 후 준비된 함에 모든 종이를 넣습니다.

3. 그리고 한 주 동안 다짐한 것을 지킵니다. 잘 지키면 그 종이를 쓰레기통에 버리고 그렇지 못하면 계속 함에 넣어둡니다.

버려야 할 것	실천해야 할 것

▶▶▶ "실천하기" 통해 아이들이 배운 것을 실천하게 하십시오. 스스로 실천하기에 의지가 약한 아이들에게도 기회를 주어야 합니다. 또한 "실천하기"는 예수님을 닮을수록 예수님이 주시는 한 없는 복을 간접적으로 느낄 수 있는 효과가 있습니다. 교사가 해줄 수 있는 것은 두 가지입니다. 먼저, 함께 실천하는 것입니다. 다짐하고 한 주 동안 실천하는 것입니다. 두 번째는 실천한 아이들을 칭찬해 주는 것입니다. 진심을 다해 칭찬해 주십시오. 아무리 사소한 다짐이라 할지라도 최고의 칭찬을 하십시오. 그것은 아이들이 새로운 다짐을 하게 하는 능력이 됩니다.

기도 하나님의 자녀로서 훈련받는 자가 잊지 말아야 할 것은 바로 기도입니다. 모든 훈련은 기도로 마무리합니다. 하나님 앞에서 훈련받기로 한 자신을 위해, 함께할 친구들을 위해, 훈련을 도와주실 선생님을 위해 기도하는 시간을 가지십시오. 기도는 진지하게 이루어져야 합니다. 훈련 때는 혹여 장난할 수 있으나 기도할 때는 꼭 정숙하고 가장 바른 자세가 되도록 지도하십시오. 기도는 하나님께 드리는 것입니다. 제자훈련 중 가장 정숙하고 진지한 시간이 되어야 합니다.

{ 기도로 여는 하나님 나라!

 기도는 놀라운 것입니다. 우리의 입술에서 흘러나간 기도는 하늘에까지 날아올라 하나님의 가슴에 전달됩니다. 그러므로 이 기도는 우리의 생활 속에서 꼭 이루어지는 능력이요, 우리의 유일한 무기입니다. 참된 기도의 능력을 맛보세요.

요 일	기도 대상자	기 도 제 목
일		
월		
화		
수		
목		
금		
토		

{ 하나님과 함께 가는 길

예수님의 생각을 따라 생각하고, 예수님이 행하신 대로 행동하며, 나보다 남을 위해, 나보다 하나님의 나라를 위해, 나를 자랑하기보다 하나님의 영광을 위해 살아가는 삶을 위해 다음을 실천해 봅시다.

1 매일 시간을 정해서 하나님과 대화하기

1 나의 이번 주 기도 제목

_____

2 내가 이번 주 고치기로 다짐한 것

_____

3 나라와 세계를 위한 기도 제목

_____

2 매일 성경 말씀을 읽으며 하나님의 생각과 같은 생각하기

1 설교 말씀을 통해 내가 깨달은 것은?

_____

2 하나님의 자녀로서 세상의 빛과 소금이 되기 위해 실천하기로 다짐한 것은?

_____

{ 매일 말씀과 함께…

년 월 일 (월) 본문 :	
줄거리	
느낀 점	
적용하기	

년 월 일 (화) 본문 :	
줄거리	
느낀 점	
적용하기	

년 월 일 (수) 본문 :	
줄거리	
느낀 점	
적용하기	

년 월 일 (목) 본문 :	
줄거리	
느낀 점	
적용하기	

년 월 일 (금) 본문 :	
줄거리	
느낀 점	
적용하기	

년 월 일 (토) 본문 :	
줄거리	
느낀 점	
적용하기	

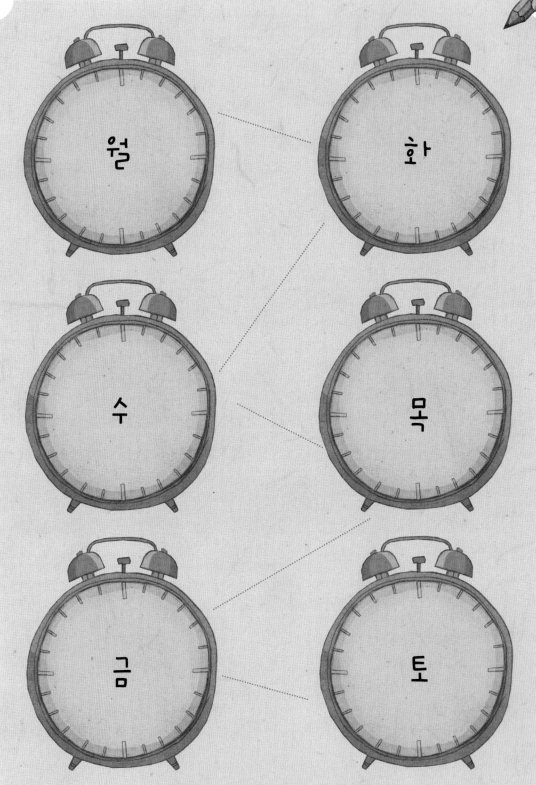

예닮학교를 위해 사용할 시간을 계획해 봐요.
● 지킨 것: 녹색   ● 지키지 못한 것: 빨강색   ● 취소한 것: 노란색

"내가 만난 예수님"

이번 과제물은 신앙고백을 하는 시간입니다. 모태신앙(부모님의 신앙을 그대로 물려받는 경우)도 있지만, 그렇지 않은 경우도 있죠. 이렇든 저렇든, 예수님을 믿고 난 후, 하나님께 받은 은혜가 있을 겁니다. 그 은혜를 친구들과 함께 나누는 시간이 되기를 원합니다. 이렇게 고백을 나누면 나눌수록 은혜는 배가 됩니다.

3과

예수님은 누구세요?

마태복음

시몬 베드로가 대답하여 이르되 주는 그리스도시요 살아 계신 하나님의 아들이시니이다 ▪ 마태복음 16:16

1) 도입

가장 좋아하는 동물은 무엇인가요?

가장 좋아하는 동물과 같은 생활을 하라면 과연 어떨까요? 동물과 같이 더러운 집에서 자고, 떨어진 음식 먹고, 사람들이 귀찮으면 모른 채 하는 그런 모습으로 살아간다면 어떨까요? 하지만 우리 예수님은 낮고 천한 우리 인간의 모습으로 내려왔습니다. 그렇다면 왜 그러셔야만 했을까요? 그리고 어떤 모습을 통해 우리는 예수님이 인간이면서도 하나님이심을 알 수 있을까요?

2) 과제물 점검

① 큐티 점검

한 주 동안 묵상한 말씀 중 가장 은혜로웠던 말씀을 한 가지씩 나눕니다.

② 성구 암송

"시몬 베드로가 대답하여 이르되 주는 그리스도요 살아 계신 하나님의 아들이시니이다"_마태복음 16:16.

③ 기도 나눔!

지난 주 가장 열심히 기도했던 기도 제목은 무엇이었나요?
간절한 마음으로 기도한 것이 무엇인지 고백하는 것은 중요합니다.

④ 설교 나누기

지난 주 설교가 무엇이었는지, 설교를 듣고 행한 일이 무엇이었는지 나눕니다.

⑤ 신앙 고백문 나누기

"나의 신앙 고백문"을 자신 있게 나눌 수 있는 시간을 가져봅시다.

⑥ 일일시간표 나누기

제자훈련을 위해 사용한 시간을 중점으로 나눕니다.
매일 하는 것이 중요합니다!

3) 이 과의 목적

예수님은 우리의 죄를 사해 주기 위해 인간의 모습을 가지고 우리에게 오신 하나님입니다. 우리를 사랑하셔서 오신 예수님을 나의 주인으로 고백하며 살아가기로 다짐합니다.

예수님은 정말 누구실까요? 왜 그렇게 아프고 힘든 길을 걸어 가야만 했을까요? 이 세상을 지으시고 지금도 다스리신다는 하나님의 아들이라고 하면서 왜 십자가를 지고 죽어야 하는 자리를 향해 스스로 나아가셨을까요? 예수님께서 걸어가신 그 길을 잠시라도 함께 걸어보고, 왜 그래야만 하셨는지 이유를 찾아 봅시다.

† 예수님은 사람이에요? 하나님이에요?

"예수님이 하나님이라니요? 예수님이면 예수님, 하나님이면 하나님 아니에요?" 이렇게 말하는 친구들이 많을 것 같아요. 하지만 이 말이 사실 아니, 진리랍니다. 바로 예수

님이 하나님이세요. 하나님은 모두 세 분, 성부, 성자, 성령께서 하나로 함께 일하시는 분이세요. 그 중에 예수님은 바로 성자 하나님으로, 하나님의 아들이시자 또한 하나님이신 것을 알아야 한답니다.

1

요한복음 1장 1~3절까지 함께 소리 내어 읽어 보세요. 예수님은 언제부터 계셨던 분이며 어떤 분이신가요?

요한복음 1장 1절에서 3절 말씀을 통해 우리는 예수님이 하나님이심을 알 수 있습니다. 예수님은 태초에 하나님과 함께 계셨습니다. 이것은 창조 전입니다. 창조 전에 계신 분은 하나님뿐이십니다. 예수님은 특별히 말씀으로 계셨습니다.

2 예수님이 하나님이신 것은 성경 여러 곳에서 다양하게 증명되고 있답니다. 아래의 성경을 찾아 보고, 누가 어떻게 증거하는지 알아 봅시다.

★ 하나님의 증거, 마태복음 3:1~17

세례 요한이 예수님의 길을 준비하기 위해 광야에서 회개의 소리를 외치며 세례를 주고 있었습니다. 그때 예수님께서 그 자리에 오셔서 세례 받기를 청하십니다. 세례 요한은 자신이 누구인지 그리고 지금 앞에 와 계신 예수님이 누구신지 알았기에 도리어 자기가 세례 받기를 원합니다. 그러나 예수님께서는 세례 주기를 명령하셨고 세례 요한은 이를 따릅니다. 이때 하늘이 열리고 하나님의 성령이 비둘기 같이 내려 예수님에게 임하면서 하늘로부터 소리가 났습니다. "이는 내 사랑하는 아들이요 내 기뻐하는 자라."

★ 마귀의 증거, 마태복음 4:1~11

마귀는 40일 밤낮으로 금식하신 예수님께 나아와 시험합니다. 우리는 마귀가 한 3번의 시험(배고픔, 교만, 명예욕)으로 인간이 가진 욕망을 예수님께 시험했다는 것을 알 수 있습니다. 그러나 예수님은 그때마다 말씀으로 승리하셨습니다. 마귀는 시험할 때마다 예수님을 하나님의 아들로 인정하면서 접근하였습니다. "만일 네가 하나님의 아들이라면." 그러나 마귀는 결국 예수님을 이기지 못하고 자기가 전제로 세웠던 것이 진짜라는 것만 증거하고 말았습니다.

★ 자연의 증거, 마태복음 8:23~27

마태는 바람이 부는 바다에 겁먹어 예수님을 깨우는 제자들의 모습을 보여 주면서 인간은 어쩔 도리가 없는 자연의 능력을 보여 주고 있습니다. 예수님은 그런 제자들을 꾸짖으십니다. 그리고는 바다를 꾸짖으시니 바다도 잔잔해 졌다고 말합니다. 여기서 사람들의 놀람은 예수님의 존재를 드러냅니다. 예수님은 단순한 인간이 아닌 하나님의 아들임을 보여 주고 있습니다. "그 사람들이 놀랍게 여겨 이르되 이이가 어떠한 사람이기에 바람과 바다도 순종하는가 하더라."

★ 귀신들의 증거, 마태복음 8:28~34

가다라 지방에 귀신들린 사람이 있었습니다. 예수님께서 그 길을 지나게 되었습니다. 귀신들은 그것만으로도 두려워했습니다. 귀신들은 예수님을 하나님의 아들로 알고 있었기 때문입니다. "그들이 소리 질러 이르되 하나님의 아들이여 우리가 당신과 무슨 상관이 있나이까." 결국 귀신들은 스스로 그 사람에게서 나갈 것을 간구합니다. 근처에 있는 돼지 떼 속으로 들어갈 것을 허락해 달라고 예수님께 부탁합니다. 예수님은 그들의 부탁을 들어주었고 돼지 떼에 들어간 귀신들은 비탈을 달려 바다에 빠져 죽어버렸습니다.

➡ 예수님이 하나님이심은 아버지 하나님뿐 아니라 그를 대적하는 귀신들과 마귀를 통해서도 알 수 있고, 그분이 창조하신 자연을 통해서도 알 수 있습니다. 그런데 이러한 증거는 예수님 자신을 통해서도 알 수 있습니다.

3 뿐만 아니라 예수님께서도 자기에 대해서 말씀하셨어요. 뭐라고 말씀하셨는지 알아 봅시다. (요한복음 14:8~21)

이 말씀은 예수님께서 자신의 존재를 알려 주시고("내가 곧 길이요 진리요 생명이니 나를 말미암지 않고는 아버지께로 올 자가 없느니라"_요한복음 14:6) 나서 빌립의 질문으로 말씀하신 것입니다. 예수님은 스스로가 하나님과 같다고 말씀하십니다. 예수를 본 것이 하나님을 본 것이며, 예수님의 모든 말씀은 하나님의 말씀이라고 알려 주십니다. 또한 이 말씀은 삼위일체 하나님을 알려 주는 장이기도 합니다. 하나님 아버지의 말씀을 전하기 위해 이 땅에 오신 예수님, 그리고 그 예수님의 승천으로 인해 우리에게 다시 오실 성령님을 말씀하고 계시기 때문입니다. 결국 예수님은 스스로 하나님이심을 말씀하신 것입니다.

4 예수님께서 행하신 일들 중에서 도저히 사람이 할 수 없는, 하나님만이 하실 수 있는 일이었다고 생각되는 것들을 하나씩만 성경에서 찾아서 적어 볼까요?

(예, 마태복음 8:23~27; 마가복음 6:41~44; 요한복음 11:43~44)

■ 마태복음 8:23-27
2번 문제에서 나왔던 자연을 지배하시고 명령하시는 예수님의 모습을 통해 단순한 인간이 아닌 하나님이심을 증거하는 말씀입니다.

■ 마가복음 6:41-44

오병이어의 사건입니다. 쉬로 오신 예수님을 쫓아 온 수많은 사람들에게 먹을 것을 주셨습니다. 자연적으로는 절대 불가능한 일이었습니다. 예수님은 떡 다섯 개와 물고기 두 마리로 성년이 된 남자 5천 명을 먹이신 것입니다. 이것은 남자의 수만 말한 것이므로 실제로는 더 많은 사람을 먹이신 것입니다

■ 요한복음 11:43-44

요한복음의 표적 사건 중 가장 강한 사건입니다. 예수님이 사랑하던 가정(마르다, 마리아, 나사로의 가정)의 큰오빠인 나사로가 죽은 것입니다. 하지만 예수님은 나사로가 죽지 않았다고 말씀하시면서 자신의 존재를 알려 주는 표적("나는 부활이요 생명이니 나를 믿는 자는 죽어도 살겠고, 무릇 살아서 나를 믿는 자는 영원히 죽지 아니하리니 이것을 네가 믿느냐"_ 요한복음 11:24~25)으로 삼으십니다. 죽은 지 나흘이나 되어 굴속에 들어가 있는 나사로를 예수님은 살리셨습니다.

◑ 이 문제는 아이들이 하나씩 대답할 수 있게 인도하는 것도 좋은 방법입니다.

5 세상 사람들은 예수님을 석가모니나 마호메트, 공자 같은 성인 중에 한 사람이라고 생각하죠. 하지만 예수님은 우리가 성경에서 본 바와 같이 하나님이십니다. 친구들은 예수님이 참 하나님이시라는 것을 믿나요? 아니면 정말 그럴까 하고 의심하고 있나요? 솔직하게 자기의 생각을 말해 봅시다.

이 문제는 정답이 없습니다. 아이들의 솔직한 대답을 들어주는 기술이 필요합니다. 아이들의 눈을 지그시 바라보며 아이들이 대답할 수 있도록 기회를 주세요.

6 예수님은 하나님인 동시에 진짜 사람이었답니다. 아래 성경을 읽고 예수님의 모습을 그려 봅시다. 여러분에게 예수님의 모습은 어떻게 그려지나요?

(마태복음 4:2, 9:35~38, 20:29~34, 21:12~14, 26:36~46, 27:32, 27:45~50)

■ 마태복음 4:2
예수님도 사십 일 동안 금식하신 후 배고파 하셨습니다.

■ 마태복음 9:35-38
예수님께서 도시와 마을을 다니시며 천국 복음을 전파하셨습니다. 그러는 와중에 사람들의 모습을 보시고 불쌍한 마음이 드셨습니다.

■ 마태복음 20:29-34
여리고에서는 맹인 두 사람이 지나가시는 예수님을 향해 소리 지르다 꾸중을 들었지만 그들은 예수님 만나는 축복을 얻었습니다. 예수님은 그들을 보시고 불쌍한 마음이 드셨고 그들의 눈을 만지셔서 곧 보게 하셨습니다.

■ 마태복음 21:12-13
하나님의 성전에서 장사 하는 모습을 보신 예수님은 화가 나셔서 물건들을 뒤집어 엎으셨습니다.

■ 마태복음 26:36-46
예수님의 마지막 기도인 겟세마네 기도 사건입니다. 예수님은 모든 제자들을 데리고 기도하러 가셨고, 그중 3명을 데리고 더 올라가셔서 기도하셨습니다. 이때 예수님은 큰 고민에 빠져 계셨습니다. 죽음을 앞두고 힘들어하는 인간의 모습을 보여 주셨습니다.

■ 마태복음 27:34
예수님은 십자가를 끌고 골고다 언덕을 오르셨습니다. 쓸게 탄 포도주를 먹게 하였지만 맛을 보신 후 먹지 않겠다고 말씀하셨습니다. 맛을 보는 것 또한 인간이 하는 행동입니다.

■ 마태복음 27:45-50
예수님은 십자가에 수 시간 동안 못 박혀 계셨습니다. 많은 고통을 이기시고 결국 하나님께 마지막으로 외치신 후(엘리 엘리 라마 사박다니 – 나의 하나님, 나의 하나님 어찌하여 나를 버리셨나이까) 숨을 거두셨습니다. 신은 죽지 않습니다. 인간만이 고통을 당하고 죽음을 당합니다.

❍ 이와 같은 모습은 예수님이 인간이심을 보여 주는 증거로 사용할 수 있습니다. 이외에도 예수님은 슬퍼하셨고, 불쌍히 여기셨고, 배고파하심 같은 인간으로써 가질 수 있는 모든 모습들을 보여 주셨습니다. 따라서 예수

님은 하나님인 동시에 인간이셨던 것입니다.

7

이처럼 예수님은 하나님인 동시에 완전한 사람이셨습니다. 왜 예수님이 사람이 되셔야만 했을까요? (히브리서 2:14, 17)

근본적인 대답은 17절입니다. "신실한 대제사장이 되어 백성의 죄를 속량하려 하심이다." 예수님은 혈과 육에 속한 인간의 죄를 위해 그 모양 그대로 오셨습니다. 이것은 하나님이 정하신 율법 때문입니다. 구약 시대에 제사를 통해 피로써 죄를 씻었듯이 혈과 육이 하나님께 드려져야 죄를 씻을 수 있었습니다. 단, 깨끗한 제물이 필요한데 완전히 깨끗한 존재는 이 세상에 존재하지 않았습니다. 그렇기에 하나님은 자기 아들을 인간의 모양으로 이 땅에 보내신 것입니다.

✝ 예수님은 왜 십자가에서 죽으셔야만 했나요?

"예수님은 하나님이시잖아요. 그런데 왜 십자가에서 사람들의 손가락질을 받으면서 죽으셔야만 했나요? 모든 것을 다 할 수 있는 능력의 하나님이 죽지 않고서도 우리를 구원할 수 있어야 하는 것 아닌가요?" 하지만 단 한 번의 죽으심으로 온 인류의 구원을 이루신다는 놀라운 신비를 우리 모두 깨닫게 되길 바랍니다.

8

아담 이후로 이 세상의 모든 사람들은 어떤 상태일까요?

(로마서 3:9~18, 23)

이 세상에 의인은 한 사람도 없다고 바울 사도는 말씀합니다. 그 죄는 우리의 모든 부분을 통해서 나타나고 있습니다. 가장 중요한 것은 하나님을 두려워하지 않는 것입니다. 이것이 바로 죄의 근본입니다.

9

하나님께서는 죄를 지은 사람들에게 하나님과 화해할 수 있도록 제사의 방법을 가르쳐 주셨어요. 이 제사의 특징이 무엇일까요? (레위기 3:1~4:13)

하나님은 이스라엘 백성에게 여러 가지 제사의 방법을 가르쳐 주셨습니다. 번제, 소제, 화목제, 속죄제, 속건제가 있습니다. 이 제사들은 다양한 의미들을 담고 있으나 기본적인 것은 바로 피가 있어야 한다는 것입니다. 하나님 앞에 제물 된 짐승을 죽여 드린다는 것입니다. 여기서 알 수 있는 것은 첫째 대속물이 있어야 하며, 둘째, 피가 있어야 한다는 것입니다.

Tip 제사의 유형

	제사이름	성경구절	성격	목 적	제물의 구성
1	번제	레 1:3-17 레 6:8-13	자발적 행위	1)일반적으로 속죄를 위해 2)하나님께 드리는 완전한 헌신과 성별을 뜻하며, 따라서 "완전한 번제"라고 부른다.	재산의 정도에 따라 1) 흠 없는 수소 2) 하나님께 드리는 흠 없는 숫양이나 숫염소 3) 산비둘기 혹은 비둘기 새끼
2	소제	레 2:1-16 레 6:14-18 레 7:12-13	자발적 행위	소제는 모든 번제와 함께 드려졌다. 이는 하나님께 드리는 존경과 감사를 의미한다.	세 가지 유형 1) 기름을 섞은 고운 가루와 유향 2) 고운 가루에 기름을 섞어 화덕에 구운 무교병이나, 기름을 바른 무교전병, 또는 번철에 부친 것 3)첫 이삭을 빻아 기름과 유향을 섞어 볶은 것
3	화목제	레 3:1-17 레 7:11-21, 28-34	자발적 행위	화목제는 일반적으로 제사를 드리는 자와 하나님간의 화평과 친교를 표현한다. 1)감사제사:예상하지 못했던 축복이나 구원에 대한 감사의 표현 2)서원제사 : 서원이 간구를 동반할 때 허락하신 축복과 구원에 대한 감사의 표현 3)임의제사 : 어떤 특별한 복이나 구원과 관계없는 하나님께 대한 감사의 표현	재산의 정도에 따라 1) 소 중에 흠 없는 암놈이나 수놈 2) 양 중에 흠 없는 암놈이나 수놈 3) 염소 중에서 흠 없는 암놈이나 수놈
4	속죄제	레 4:1-5:13 레 6:24-30	강제적인 행위	모르는 중에 저지른 죄를 속죄하기 위한 것으로 특히 손해 배상이 불가능할 때 드렸다.	1) 대제사장은 흠 없는 황소 2) 이스라엘 회중은 흠 없는 황소 3) 족장은 흠 없는 숫염소 4) 평민은 흠 없는 암염소 또는 암양 5) 가난한 사람의 경우, 산비둘기 두 마리 또는 새끼 비둘기 두 마리(한 마리는 속죄제를 위해, 한 마리는 번제를 위해 대신할 수 있다.)
5	속건제	레 5:14-6:7 레 7:1-7	강제적인 행위	모르는 중에 저지른 죄를 속죄하기 위한 것으로 특히 손해 배상이 가능할 때 드렸다.	1) 만약 하나님께 잘못한 것이라면 흠 없는 숫양을 바쳐야 한다. 손해배상은 제사장이 평가한 죄 값에 1/5을 더하여 계산했다. 2) 만약 사람에게 잘못한 것이라면 흠 없는 숫양을 바쳐야 한다. 손해 배상은 손해를 입힌 값에 1/5을 더하여 계산했다.

10 사람들의 죄를 대신 담당할 희생제물, 즉 흠 없는 어린양이 필요한데 그 어린양

이 누구일까요? (이사야 53:1~12; 로마서 3:25, 5:10~11; 히브리서 9:12, 15, 16~17, 22)

■ **이사야 53:1-12**

이사야 53장은 메시아에 대한 예언장으로 유명한 장입니다. 53장의 내용은 예수님께서 행하신 사역의 모든 면을 면밀하게 보여 줍니다.

■ **로마서 3:25**

하나님은 화목제물로 예수님을 이 땅에 보내셨습니다. 이로써 하나님은 인간의 죄악을 간과하시길 원하셨고 동시에 자기의 의로우심을 보여 주고자 하셨습니다.

■ **로마서 5:10-11**

예수님으로 인해 원수 되었던 하나님과 화목하게 지낼 수 있는 축복을 받았습니다. 이뿐 아니라 하나님 안에서 더욱 즐거워하며 지낼 수 있는 축복 또한 누릴 수 있게 되었습니다.

■ **히브리서 9:12**

예수님은 우리의 대제사장으로 이 땅에 오셨습니다. 그리하여 다른 동물을 사용하지 않으시고 자기의 피로 단번에 성소에 들어가셨습니다. 단번의 제사로 인해 우리는 모든 죄를 씻음 받았습니다.

■ **히브리서 9:15**

예수님은 그의 대속 죽음을 통해 우리에게 새 언약을 맺게 해주셨습니다. 죄를 사해주심 뿐 아니라 영원한 기업의 약속을 얻게 하셨습니다.

■ **히브리서 9:22**

피 흘림이 없이는 죄 사함이 없습니다. 결국 예수님은 우리의 죄를 위해 피 흘릴 대속물로 이 땅에 오신 것입니다.

○ 예수님은 우리의 대속물로 이 땅에 오셨습니다. 즉, 어린양은 우리의 죄를 위해 이 땅에 오신 **예수님**이십니다.

11 그래서 흠 없는 어린양이신 예수님이 십자가에서 죽으심으로써만 우리는 구원을 얻을 수 있게 된 것이죠. 이 점에 대해서 하나님께서는 뭐라고 말씀하고 계실까요?

★ 요한복음 14:6

"예수께서 이르시되 내가 곧 길이요 진리요 생명이니 나로 말미암지 않고는 아버지께로 올 자가 없느니라."

예수님이 아니고서는 하나님께로 올 자가 아무도 없다고 말씀하십니다.

★ 사도행전 4:12

"다른 이로써는 구원을 받을 수 없나니 천하 사람 중에 구원을 받을 만한 다른 이름을 우리에게 주신 일이 없음이라 하였더라."

우리를 죄에서 구원해 주실 수 있는 분은 오직 예수님뿐입니다.

12 우리는 교회에 나오는 것이 아닙니다. 우리는 예수님을 믿는 것입니다. 죄악으로 물든 이 세상, 온 인류를 구원하실 수 있는 유일한 구원자이신 예수님을 믿는 것입니다. 우리의 진정한 믿음은 생각만으로 되지 않습니다. 입으로 고백을 해야 합니다. 왜 그럴까요? (로마서 10:9~10)

우리가 구원받을 수 있는 유일한 길이기 때문입니다. 입으로 고백하기 위해서는 마음으로 믿어야 하며, 마음으로 믿은 사람은 입으로 고백하지 않을 수 없기 때문입니다.

✝ 나의 믿음, 나의 고백

13 그렇다면 우리는 우리의 믿음을 어떻게 고백을 해야 할까요? 베드로는 어떻게 고백했는지 살펴 봅시다. (마태복음 16:16)

베드로는 자신도 잘 모르는 고백을 하고 예수님께 칭찬받았습니다. 그것은 바로 "주는 그리스도시요 살아 계신 하나님의 아들이십니다!"라는 고백이었습니다. 우리도 베드로처럼 예수님을 나의 구주로 믿어야 하며, 동시에 하나님의 아들이심을 믿어야 합니다.

14 베드로처럼 우리의 마음을 다해서 예수님을 나의 주님으로 고백해 봅시다. 그리고 과제물로 해온 "내가 만난 예수님"을 가지고 발표해 봅시다. 서로에게 받은 감동을 나눠 보세요.

우선 아이들의 고백을 들어주어야 합니다. 시간을 주세요. 과제로 해온 예수님에 대한 생각과 지금 생각의 변동이 있는지 그렇다면 다시 적을 수 있는 시간을 주는 것이 좋습니다. 그리고 "내가 만난 예수님"을 통해 고백을 확인하세요. 자신뿐 아니라 함께 공부하는 친구들의 고백을 통해 자기 안에 숨어 있는 고백들과 잘못된 생각들이 모두 드러날 수 있는 기회로 삼아야 합니다.

실천하기 ┄┄┄ 예수님께 감사 편지 쓰기

★ **방법**

나누어 준 종이에 하나님이시면서 우리를 위해 십자가에 달려 돌아가신 예수님께 감사하는 편지를 써 봅시다. 진심으로 예수님께 감사해 보세요.

Tip 나누어 준 종이에 지금까지 배운 것과 고백한 모든 것을 간단하게 정리하여 적을 수 있는 시간을 주세요. 중복될 수도 있으나 꼭 적게 해야 합니다. 그래서 사명선언서와 함께 제자훈련팀에서 관리하세요.

 내가 버려야 할 것과 실천할 것을 생각하고 나누어 준 종이에 적어 봅니다.

★ **준비물** 각 반별로 아이들 숫자만큼 다른 색깔의 종이(초등부에서 준비하겠습니다.)

★ **방법** 1. 내가 버려야 할 것과 실천할 것을 종이에 적습니다.

2. 적은 후 준비된 함에 모든 종이를 넣습니다.

3. 그리고 한 주 동안 다짐한 것을 지킵니다. 잘 지키면 그 종이를 쓰레기통에 버리고 그렇지 못하면 계속 함에 넣어둡니다.

버려야 할 것	실천해야 할 것

▶▶▶ "실천하기" 통해 아이들이 배운 것을 실천하게 하십시오. 스스로 실천하기에 의지가 약한 아이들에게도 기회를 주어야 합니다. 또한 "실천하기"는 예수님을 닮을수록 예수님이 주시는 한 없는 복을 간접적으로 느낄 수 있는 효과가 있습니다. 교사가 해줄 수 있는 것은 두 가지입니다. 먼저, 함께 실천하는 것입니다. 다짐하고 한 주 동안 실천하는 것입니다. 두 번째는 실천한 아이들을 칭찬해 주는 것입니다. 진심을 다해 칭찬해 주십시오. 아무리 사소한 다짐이라 할지라도 최고의 칭찬을 하십시오. 그것은 아이들이 새로운 다짐을 하게 하는 능력이 됩니다.

기도 하나님의 자녀로서 훈련받는 자가 잊지 말아야 할 것은 바로 기도입니다. 모든 훈련은 기도로 마무리합니다. 하나님 앞에서 훈련받기로 한 자신을 위해, 함께할 친구들을 위해, 훈련을 도와주실 선생님을 위해 기도하는 시간을 가지십시오. 기도는 진지하게 이루어져야 합니다. 훈련 때는 혹여 장난할 수 있으나 기도할 때는 꼭 정숙하고 가장 바른 자세가 되도록 지도하십시오. 기도는 하나님께 드리는 것입니다. 제자훈련 중 가장 정숙하고 진지한 시간이 되어야 합니다.

{ 기도로 여는 하나님 나라!

 기도는 놀라운 것입니다. 우리의 입술에서 흘러나간 기도는 하늘에까지 날아올라 하나님의 가슴에 전달됩니다. 그러므로 이 기도는 우리의 생활 속에서 꼭 이루어지는 능력이요, 우리의 유일한 무기입니다. 참된 기도의 능력을 맛보세요.

요 일	기도 대상자	기 도 제 목
일		
월		
화		
수		
목		
금		
토		

{ 하나님과 함께 가는 길

예수님의 생각을 따라 생각하고, 예수님이 행하신 대로 행동하며, 나보다 남을 위해, 나보다 하나님의 나라를 위해, 나를 자랑하기보다 하나님의 영광을 위해 살아가는 삶을 위해 다음을 실천해 봅시다.

1 매일 시간을 정해서 하나님과 대화하기

1 나의 이번 주 기도 제목

------

2 내가 이번 주 고치기로 다짐한 것

------

3 나라와 세계를 위한 기도 제목

------

2 매일 성경 말씀을 읽으며 하나님의 생각과 같은 생각하기

1 설교 말씀을 통해 내가 깨달은 것은?

------

2 하나님의 자녀로서 세상의 빛과 소금이 되기 위해 실천하기로 다짐한 것은?

{ 매일 말씀과 함께…

	년 월 일 (월) 본문 :
줄거리	
느낀 점	
적용하기	

	년 월 일 (화) 본문 :
줄거리	
느낀 점	
적용하기	

년 월 일 (수) 본문 :	
줄거리	
느낀 점	
적용하기	

년 월 일 (목) 본문 :	
줄거리	
느낀 점	
적용하기	

년 월 일 (금) 본문 :	
줄거리	
느낀 점	
적용하기	

년 월 일 (토) 본문 :	
줄거리	
느낀 점	
적용하기	

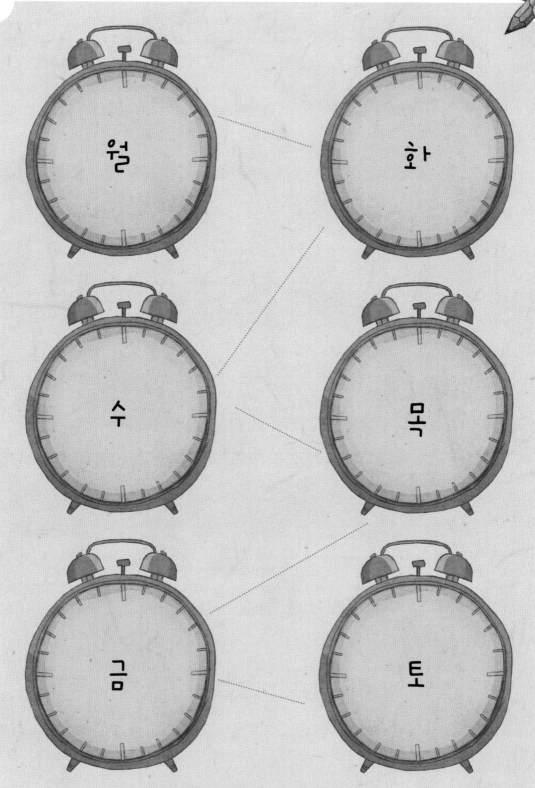

예닮학교를 위해 사용할 시간을 계획해 봐요.
●지킨 것: 녹색   ●지키지 못한 것: 빨강색   ●취소한 것: 노란색

"백악관을 기도실로 만든 대통령, 링컨"

미국의 16대 대통령, 에이브러햄 링컨을 우리 모두 기억합니다. 그러나 링컨이 아름다운 신앙의 선배라는 사실을 아는 사람은 그리 많지 않습니다. 링컨의 발자취를, 특별히 신앙의 발자취를 따라가 보는 좋은 시간이 되길 바랍니다. 이 책을 읽고 느낀 점을 자신의 삶과 비추어 솔직하게 적어 보시기 바랍니다. (출판사: 생명의 말씀사)

4과

매일 하나님을 만나러 가요!
(말씀생활)

마태복음 6장, 마가복음 1장, 히브리서 4장

그러므로 우리는 긍휼하심을 받고 때를 따라 돕는 은혜를 얻기 위하여 은혜의 보좌

앞에 담대히 나아갈 것이니라 ✎ 히브리서 4:16

1) 도입

학원은 몇 개, 그리고 어디 다니니?
자연스럽게 바쁘다는 것을 말할 수 있을 것입니다. 예수님보다 더 바쁜지 한번 비교해 보세요. 그러나 아무리 바빠도 기도를 통해 하나님과 함께하는 시간을 가져야 함을 이야기해 주세요.

2) 과제물 점검

① 큐티 점검
　한 주 동안 묵상한 말씀 중 가장 은혜로운 말씀을 한 가지씩 나눕니다.

② 성구 암송
　"그러므로 우리가 긍휼하심을 받고 때를 따라 돕는 은혜를 얻기 위하여 은혜의 보좌 앞에 담대히 나아갈 것이니라"_히브리서 4:16.

③ 기도 나눔!
　지난 주 가장 열심히 기도했던 기도 제목은 무엇이었나요?
　간절한 마음으로 기도한 것이 무엇인지 고백하는 것은 중요합니다.

④ 설교 나누기
　지난 주 설교가 무엇이었는지, 설교를 듣고 행한 일이 무이었는지 나눕니다.

⑤ 독서 감상문 나누기
　『백악관을 기도실로 만든 대통령, 링컨!』을 읽고 느낀 점을 나눕니다.

⑥ 일일시간표 나누기
　제자훈련을 위해 사용한 시간을 중점으로 나눕니다.
　매일 하는 것이 중요합니다!

3) 이 과의 목적

하나님의 자녀는 하나님의 뜻을 알아야 합니다. 하나님의 뜻을 알기 위해서는 쉬지 않고 기도해야 하며, 늘 하나님의 말씀을 품고 그대로 살기 위해 노력해야 합니다.

"눈에 보이지도 않는 하나님을 어떻게 만나요? 그건 말도 안 되는 소리예요!" 이렇게 생각하나요? 결코 그렇지 않습니다. 하나님은 분명 우리의 눈에는 보이지 않습니다. 그러나 우리가 믿음의 눈을 뜰 수만 있다면 하나님께서 한순간도 쉬지 않고 우리와 함께하시며, 우리와 함께 호흡하시고, 불꽃 같은 눈으로 우리를 지켜보고 계신다는 것을 느끼고 볼 수 있답니다. 지금 함께 하나님을 만나러 가 볼까요?

† 왜 하나님을 만나야 하나요?

1

우리 함께 히브리서 4장 16절을 읽고 빈칸에 들어갈 말을 넣어 봅시다. 그리고 아래의 질문에 대답해 보세요.

그러므로 우리는 은혜의 | 보 | 좌 | 앞에 담대하게 나아갑시다.

그 곳에서 우리는 | 긍 | 휼 | 하 | 심 | 을 받을 수 있으며,

| 때 | 를 | 따 | 라 | 돕는 | 은 | 혜 | 를 얻을 수 있기 때문입니다.

가. 우리가 왜 하나님을 만나야 하는지 말해 봅시다.

　아이들이 알고 있는 것을 들어보는 질문입니다.

나. 우리가 어느 때에 하나님을 만나야 하는지 성경말씀에서 찾아 보세요.

　아이들이 알고 있는 것을 들어보는 질문입니다.

다. 하나님을 만나기 위해서 우리는 어디로 가야 하나요?

아이들이 알고 있는 것을 들어보는 질문입니다.

2 여러분은 때를 따라 돕는 은혜를 얻기 위해 하나님과 만나는 생활을 잘 하고 있나요? 그렇지 못했다면 왜 그랬는지 이유를 말해 봅시다.

실제로 친구들이 하나님과 만나기 위해 무엇을 하고 있는지 알아보는 시간입니다. 무엇을 하고 있는지 또 한다면 어떻게, 얼마나 하고 있는지 알아봅시다.

3 바빠서, 또는 시간이 없어서 잘 하지 못했다고요? 예수님을 생각해 보면 그런 말을 할 수 없을 겁니다. 왜냐고요? 그럼 지금부터 예수님이 얼마나 바쁘게 사셨는지 확인해 볼까요. 다 함께 마가복음 1장을 펴 봅시다.

가. 안식일 아침에 예수님은 무슨 일을 하셨나요? (마가복음 1:21~28)

아이들이 알고 있는 것을 들어보는 질문입니다.

나. 안식일 오후에는 무슨 일을 하셨을까요? (마가복음 1:29~31)

안식일 오후에 시몬의 집으로 갔더니 그곳에 시몬의 장모가 열병으로 누워 있었습니다. 이에 예수님은 그 여인의 병을 고쳐주셨습니다. 또 쉬지 못하셨죠.

다. 아니 이렇게 바쁠 수가? 그럼 안식일 저녁에는요? (마가복음 1:32~34)

이제 좀 쉴까 하고 시몬의 집에 있는데 병 걸린 사람들과 귀신들린 사람들을 데려왔습니다. 이에 온 동네 사람들이 문 앞에 다 모였어요. 결국 예수님은 저녁때까지 병 고치시고, 귀신을 내쫓으셨습니다. 결국 안식일에조차 쉬지 못하신 것입니다.

4 이렇게 바쁘게 사셨는데도 예수님은 하나님과 만나는 시간을 결코 빠뜨리지 않으셨답니다. 마가복음 1장 35절을 읽어 보고 예수님이 언제, 무엇을 어떻게 하셨는지 알아 봅시다.

하루 종일 힘들게 보내시고서도 다음날 새벽, 아직 밝기도 전에 한적한 곳에 가서서 하나님께 기도하셨어요.

5 더 이상 바쁘다는 핑계를 대지 맙시다. 더욱이 하나님과 만나는 일은 이 세상 그어떤 일보다 더욱 소중한 일이라는 것을 기억하고 가장 중요하게 여기는 여러분이 됩시다. 그러기 위해 자기의 하루 일과를 적어 보고 어떻게 해야 하나님을 만나는 시간을 가질 수 있을지 생각해 봅시다.

제자훈련이 시작되고 계속 해온 일입니다. 하지만 이 시간에 더욱 강조하십시오. 하루 일과를 어떻게 보낼 것인지 계획하고 그 중 하나님께 기도할 시간을 정하는 것은 매우 중요합니다. 아무리 바쁠지라도 절대 놓아서는 안 될 일이 기도이기 때문입니다.
　이 시간 아이들에게 다시 한 번 다짐하도록 이끌어 주어야 합니다. 방법은 여러 가지가 될 수 있겠으나 실제로 잘 하고 있는 친구들의 답을 듣고 함께 하기를 권유하는 것이 효과적일 것입니다.

† 기도로 하나님과 대화를 나눠요

기도는 하나님과 나누는 대화입니다. 또한 기도는 하나님을 믿는 사람들이 오늘 하루를 살게 하는 생명의 호흡입니다. 잠시라도 호흡을 하지 않으면 우리가 살 수 없듯이 매일, 아니 매 순간마다 기도하지 않으면 살 수 없답니다. 잠에서 깰 때에도, 길을 걸을 때에도, 공부할 때에도 마찬가지입니다.

> **Tip** 여기서 한 가지 게임을 하고 간다면 더욱 효율적인 교육이 될 수 있습니다. 아이들과 함께 누가 가장 오래 숨을 참는지 게임을 하는 것입니다. 그리고 가장 못 참는 친구에게 벌칙을 주는 것이죠. (예, 마지막 정리하기, 쓰레기 치우기 등)

6 예수님은 우리에게 기도할 때 피해야 할 것이 어떤 것인지 가르쳐 주셨답니다. 마태복음 6장 5절을 읽고 그것이 무엇인지 알아 봅시다.

기도는 누구에게 보이려고 하는 것이 아닙니다. 하지만 우리 친구들은 남에게 보여 주려고 기도를 하기도 합니다. 예를 들어 예배 중 기도할 때 선생님이나 목사님의 눈 때문에 눈을 감고 기도하는 척하는 것이죠. 하지만 그것은 진짜 기도가 아닙니다. 예수님은 외식하는 자들의 기도는 벌써 상을 다 받았다고 말씀하셨습니다.

7 그렇다면 예수님이 기뻐하시는 기도는 어떤 기도인지 알아 봅시다.

(마태복음 6:6~7)

예수님은 기도할 때 골방에 들어가라고 말씀하셨습니다. 이것은 은밀하게 기도하라는 뜻입니다. 즉, 하나님과 일대일로 만나야 한다는 것이죠. 또한 잘난척하기 위해 똑같은 말을 계속하지도 말라고 하셨습니다. 결국 예수님은 하나님과 단 둘이 만나 기도하기를 원하셨습니다.

8 그러면 어떻게 기도를 해야 가장 적절한 기도를 할 수 있을까요? 예수님께서 우리에게 기도하는 법을 가르쳐 주셨답니다. 다함께 주기도문을 외워서 적어 볼까요? 뒤의 메모란에 적어 보세요. (마태복음 6:9~13)

먼저 주기도문을 외우지 못하는 아이들에게는 외우게 하는 기회입니다. 초등학생이라면 주기도문은 꼭 외워야 합니다. 못 외운 아이에게는 과제로 내주고 꼭 체크해야 합니다.

9 무엇을 기도해야 하는지, 어떤 순서로 기도해야 하는지 주기도문을 자세히 보면서 찾아 봅시다.

주기도문을 자세히 보면 개인의 소원을 말하는 부분은 없습니다. 있다면 시험에 들게 하지 말고 악에서 구원해 달라는 기도뿐입니다. 주기도문은 총 6개의 순서로 나눌 수 있습니다. 첫째, 하나님의 이름을 찬양하는 것, 둘째, 하나님의 능력이 이 땅에서도 이루어지길 바라는 기도며 이것은 곧 하나님이 세계의 주인이심을 고백하는 것입니다. 셋째, 우리의 양식을 주시는 분이 오직 하나님이심을 고백하는 것이고, 넷째, 죄에 대한 고백이며 실천입니다. 우리의 죄를 사하여 주시길 기도하고 또한 우리도 우리에게 죄 지은 자를 사하여 주기를 바라는 것입니다. 다섯째, 시험에 들지 않게 하시길 원하는 것이며, 마지막으로 모든 것이 하나님께 있음을 고백하는 것입니다.

10 나의 기도 제목 중, 한 가지를 가지고 앞에서 배운 순서와 내용에 맞게 기도문을 작성해 봅시다.

많이 어려울 것입니다. 왜냐하면 우리의 기도가 많이 잘못되어 있기 때문이죠. 하지만 주기도문의 순서에 맞게 넣어보려는 노력이 필요합니다. 주기도문의 내용을 넣으려고 하는 것만으로도 소중한 순간이기 때문입니다. 예수님이 겟세마네에서 끝까지 자기가 원하는 것만을 하려고 하지 않았던 모습이 아이들에게 좋은 본이 될 것입니다.

† 말씀으로 하나님의 마음을 가져요

11

우리가 가지고 있고, 읽는 이 성경말씀은 무엇인가요? 히브리서 4장 12절에서 13절을 읽고 대답해 봅시다.

"하나님의 말씀은 살아 있고 활력이 있어 좌우에 날선 어떤 검보다도 예리하여 혼과 영과 및 관절과 골수를 찔러 쪼개기까지 하며 또 마음의 생각과 뜻을 판단하나니 지으신 것이 하나도 그 앞에 나타나지 않음이 없고 우리의 결산을 받으실 이의 눈앞에 만물이 벌거벗은 것 같이 드러나느니라"_히브리서 4:12-13.

하나님 말씀의 능력을 가장 잘 표현해 줍니다. 살아 있고, 활력이 있어 좌우에 날이 선 어떤 칼보다도 예리하여 혼과 영과 관절과 골수를 찔러 쪼개는 힘이 있습니다. 그뿐만 아니라 마음의 생각과 뜻을 판단할 수도 있고, 결국 하나님의 말씀 앞에서 우리는 발가벗은 존재처럼 모든 것이 다 드러나게 됩니다. 절대 숨길 수 없습니다.

12

하나님께서 왜 성경말씀을 우리에게 주셨는지 알아 봅시다.

★ 가. 디모데후서 3:15

"또 어려서부터 성경을 알았나니 성경은 능히 너로 하여금 그리스도 예수 안에 있는 믿음으로 말미암아 구원에 이르는 지혜가 있게 하느니라"_디모데후서 3:15.

성경은 우리로 하여금 예수 그리스도 안에 있는 믿음을 통해 구원에 이르는 지혜가 담겨 있습니다.

★ 나. 디모데후서 3:17

"이는 하나님의 사람으로 온전하게 하며 모든 선한 일을 행할 능력을 갖추게 하려 함이라"_디모데후서 3:17.

하나님의 자녀들을 온전케 하고, 모든 선한 일을 행할 수 있는 능력이 담겨 있습니다.

13 성경말씀은 우리를 하나님의 사람으로 온전케 하신다고 말씀하셨습니다. 이것은 무엇을 의미할까요? 에베소서 4장 15절을 찾아 봅시다.

"오직 사랑 안에서 참된 것을 하여 범사에 그에게까지 자랄지라 그는 머리니 곧 그리스도라"_에베소서 4:15.

예수님이 행하신 모든 것을 따라 살아갈 수 있도록 알려 주고 도와줍니다.

14 선한 일을 행할 수 있도록 온전하게 된다는 말은 무엇을 의미할까요? 에베소서 4장 19~24절을 읽어 봅시다.

욕심과 방탕의 옛 모습을 버려버리고, 그리스도 안에 있는 자와 같이 살아야 합니다. 그 방법은 유혹의 욕심을 따라 행동하던 옛 모습을 버리고, 심령이 새롭게 되어 의와 진리와 거룩함으로 지으심을 받은 자처럼 사는 것입니다.

15 우리가 말씀을 읽을 때에 성경말씀이 우리를 온전하게 만들게 하기 위해 어떻게 일하는지 알아 봅시다. (디모데후서 3장 16절)

모든 성경은 하나님의 감동으로 된 것입니다. 그러므로 우리에게 많은 유익을 줍니다. 그것은 교훈, 책망, 바르게 함, 그리고 의로 교육하는 데 유익합니다. 성경 이외의 그 어떤 것도 우리에게 이러한 유익을 주는 것은 없겠죠.

16 이렇게 성경말씀은 우리를 하나님의 사람으로, 그리고 선한 일을 하도록 온전하게 만드십니다. 이제 우리 자신을 생각해 봅시다. 나는 과연 하나님의 사람으로 변화되어 있고, 하나님이 원하시는 선한 일들을 행하고 살아가는지 서로 이야기해 봅시다. 그렇지 못하다면 왜 그런지 생각해 봅시다.
하나님이 원하시는 일을 하고 있는 것이 무엇인지 먼저 들어봅니다. 그리고 그러지 못한 모습과 왜 그러지 못했는지에 대한 이유도 들어보고 자연스럽게 "실천하기"로 넘어갑니다.

실천하기

우리는 하나님을 매일 만나야 합니다. 그러나 방해하는 것들이 많이 있어요. 내가 하나님을 만나는 데 방해하는 것이 무엇이며, 내가 하나님을 만나기 위해 다짐하는 것들이 무엇인지 적어봅시다.

방해하는 것	다짐해야 할 것

▶▶▶ "실천하기" 통해 아이들이 배운 것을 실천하게 하십시오. 스스로 실천하기에 의지가 약한 아이들에게도 기회를 주어야 합니다. 또한 "실천하기"는 예수님을 닮을수록 예수님이 주시는 한 없는 복을 간접적으로 느낄 수 있는 효과가 있습니다. 교사가 해줄 수 있는 것은 두 가지입니다. 먼저, 함께 실천하는 것입니다. 다짐하고 한 주 동안 실천하는 것입니다. 두 번째는 실천한 아이들을 칭찬해 주는 것입니다. 진심을 다해 칭찬해 주십시오. 아무리 사소한 다짐이라 할지라도 최고의 칭찬을 하십시오. 그것은 아이들이 새로운 다짐을 하게 하는 능력이 됩니다.

기도 하나님의 자녀로서 훈련받는 자가 잊지 말아야 할 것은 바로 기도입니다. 모든 훈련은 기도로 마무리합니다. 하나님 앞에서 훈련받기로 한 자신을 위해, 함께할 친구들을 위해, 훈련을 도와주실 선생님을 위해 기도하는 시간을 가지십시오. 기도는 진지하게 이루어져야 합니다. 훈련 때는 혹여 장난할 수 있으나 기도할 때는 꼭 정숙하고 가장 바른 자세가 되도록 지도하십시오. 기도는 하나님께 드리는 것입니다. 제자훈련 중 가장 정숙하고 진지한 시간이 되어야 합니다.

{ 기도로 여는 하나님 나라!

 기도는 놀라운 것입니다. 우리의 입술에서 흘러나간 기도는 하늘에까지 날아올라 하나님의 가슴에 전달됩니다. 그러므로 이 기도는 우리의 생활 속에서 꼭 이루어지는 능력이요, 우리의 유일한 무기입니다. 참된 기도의 능력을 맛보세요.

요 일	기도 대상자	기 도 제 목
일		
월		
화		
수		
목		
금		
토		

{ 하나님과 함께 가는 길

예수님의 생각을 따라 생각하고, 예수님이 행하신 대로 행동하며, 나보다 남을 위해, 나보다 하나님의 나라를 위해, 나를 자랑하기보다 하나님의 영광을 위해 살아가는 삶을 위해 다음을 실천해 봅시다.

1 매일 시간을 정해서 하나님과 대화하기

1 나의 이번 주 기도 제목

....

2 내가 이번 주 고치기로 다짐한 것

....

3 나라와 세계를 위한 기도 제목

....

2 매일 성경 말씀을 읽으며 하나님의 생각과 같은 생각하기

1 설교 말씀을 통해 내가 깨달은 것은?

....

2 하나님의 자녀로서 세상의 빛과 소금이 되기 위해 실천하기로 다짐한 것은?

....

{ 매일 말씀과 함께…

년 월 일 (월) 본문 :	
줄거리	
느낀 점	
적용하기	

년 월 일 (화) 본문 :	
줄거리	
느낀 점	
적용하기	

년　　월　　일 (수)　본문 :	
줄거리	
느낀 점	
적용하기	

년　　월　　일 (목)　본문 :	
줄거리	
느낀 점	
적용하기	

년 월 일 (금) 본문 :	
줄거리	
느낀 점	
적용하기	

년 월 일 (토) 본문 :	
줄거리	
느낀 점	
적용하기	

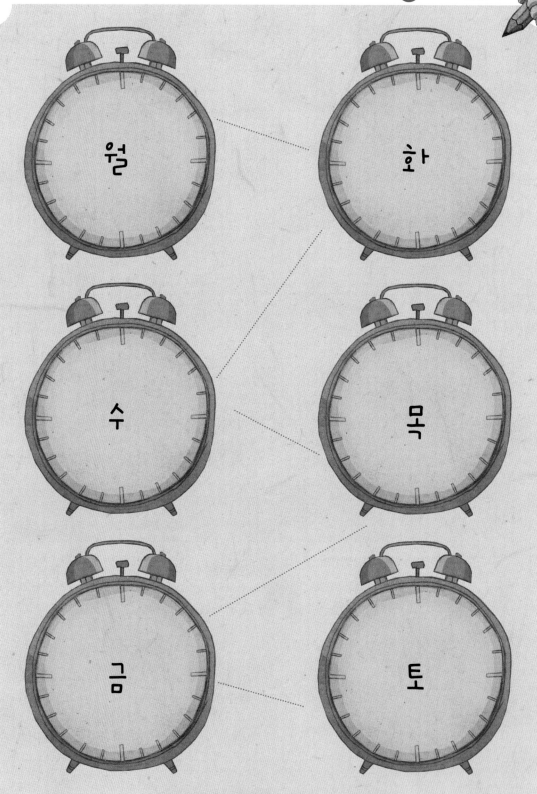

예닮학교를 위해 사용할 시간을 계획해 봐요.

●지킨 것: 녹색   ●지키지 못한 것: 빨강색   ●취소한 것: 노란색

"예수님처럼, 나처럼"

새롬이와 철민이의 이야기를 통해서 예수님의 제자들은 어떻게 살아야 하는지에 대해서 잘 설명해 놓은 어린이를 위한 제자이야기 3권 『예수처럼, 나처럼!』을 읽고서 느낀 점을 적어 봅시다. 그리고 자신도 새롬이와 철민이 같은 경우가 있었을 때, 어떻게 했는지 기억해 보며 책과 비교해 보시기 바랍니다. (출판사: 국제제자훈련원)

5과

교회에 간다고? 난 예배 드리러 가!

창세기 4장, 요한복음 4장

아버지께 참되게 예배하는 자들은 영과 진리로 예배할 때가 오나니 곧 이 때라 아버지께서는 자기에게 이렇게 예배하는 자들을 찾으시느니라 ▪ 요한복음 4:23

1) 도입

학교에 가는 이유는 무엇일까요?
질문의 답을 듣습니다. 모든 친구들이 대답하게 합니다. 그 중 정답이 있을 것입니다. 배우러 가는 것입니다. 하지만 '친구를 만나 놀기 위해', '엄마가 가라고 하니까'와 같은 다양한 답들이 나올 것입니다. 선생님은 본래의 의미를 정확히 알려 주세요. 이를 통해 교회에 가는 이유도 정확히 물어볼 수 있는 문제제기로 사용하십시오.

2) 과제물 점검

① 큐티 점검
한 주 동안 묵상한 말씀 중 가장 은혜로운 말씀을 한 가지씩 나눕니다.

② 성구 암송
"아버지께 참되게 예배하는 자들은 영과 진리로 예배할 때가 오나니 곧 이때라 아버지께서는 자기에게 이렇게 예배하는 자들을 찾으시느니라"_요한복음 4:23.

③ 기도 나눔!
지난 주 가장 열심히 기도했던 기도 제목은 무엇이었나요?
간절한 마음으로 기도한 것이 무엇인지 고백하는 것은 중요합니다.

④ 설교 나누기
지난 주 설교가 무엇이었는지, 설교를 듣고 행한 일이 무엇이었는지 나눕니다.

⑤ 독서 감상문 나누기
『예수님처럼 나처럼』을 읽고 느낀 점을 나눕니다.

⑥ 일일시간표 나누기
제자훈련을 위해 사용한 시간을 중점으로 나눕니다.
매일 하는 것이 중요합니다!

3) 이 과의 목적

우리는 진정한 예배를 하나님께 드릴 수 있어야 합니다. 진정한 예배가 무엇인지 정확히 알 수 있는 시간이 되어야 합니다.

하나님께서 우리를 이 땅 가운데 창조하신 이유는, 우리로부터 찬양과 영광을 받기 위해서입니다. 창조주이신 하나님께 지음을 받은 우리가 하나님의 그 놀라우심, 위대하심을 깨닫고 찬양하는 것이야말로 당연한 것이며, 우리가 이 땅에 사는 목적인 것이죠. 여러분은 이와 같은 예배를 하나님께 드리고 있나요? 어떻게 예배를 드려야 그렇게 하는 것인지 알아 봅시다.

† 저요? 지금 예배 드리고 있는데요?

여러분이 주일예배를 어떤 마음으로 드리고 있는지 아래 문제를 보면서 여러분의 생각에 해당하는 숫자를 적어 보세요. 그리고 모든 문항의 숫자를 합산해 보세요.

전혀 그렇지 않다(1), 별로 그렇지 않다(2), 보통이다(3), 그렇다(4), 매우 그렇다(5)

1. 주일에는 무슨 일이 있어도 교회에 가서 예배를 드려야 한다고 생각한다.　　　　( )

2. 주일예배에 일찍 오기 위해 토요일 저녁에는 일찍 잠을 잔다.　　　　　　　　( )

3. 주일 아침에 성경과 교재를 꼭 챙긴다.　　　　　　　　　　　　　　　　　( )

4. 예배 시간 10분 전에는 교회에 도착해야 한다.　　　　　　　　　　　　　　( )

5. 예배실에 와서 가방을 내려 놓고 모자도 벗고 간절한 마음으로 기도한다.　　( )

6. 오늘의 성경말씀을 미리 찾아서 읽는다.   (   )

7. 찬양 시간에 온 마음과 정성을 다하고 목소리를 높여서 찬양한다.   (   )

8. 친구들이 대표로 나와서 헌금 기도를 할 때, 내가 기도하듯이 마음을 다해 기도한다. (   )

9. 설교 말씀이 나를 위해 하시는 하나님의 말씀으로 여겨진다.   (   )

10. 설교 말씀을 듣고 기뻐하며 그렇게 살고자 결심한다.   (   )

11. 분반 공부를 위해 오늘의 양식과 교재를 미리 예습해 온다.   (   )

12. 주기도할 때는 마음을 다해서 하고, 다 마친 후에는 집으로 갈 준비를 한다.   (   )

13. 예배 시간에는 다른 생각을 하지 않는다.   (   )

14. 평소에 학교에서 생활할 때도, 주일예배 시간에 하나님 앞에 서 있는 것과

    같은 마음으로 한다.   (   )

15. 예배는 나의 모든 것을 하나님께 드리는 것이다.   (   )

16. 예배드릴 때, 하나님께서 나와 함께하심을 느낀다.   (   )

17. 학교에서나 동네에서 친구들과 이야기할 때는 예배를 드리는 마음으로 한다.   (   )

18. 학교에 도착해서 예배하는 마음으로 기도하고 일과를 시작한다.   (   )

19. 컴퓨터나 인터넷을 할 때는 하나님 앞에서 예배하는 마음으로 한다.   (   )

20. 잠자리에 들기 전에 예배하는 마음으로 기도한다.   (   )

나의 점수는 (   )점

합계 점수가 70점이 안 되는 친구들이 있나요? 만약에 그런 친구들이 있다면 자기를 돌아보아야 할 겁니다. 예배는 분명히 시간을 때우는 일이 아닙니다. 부모님의 등살에 못 이겨서 어쩔 수 없이 하는 것이 아닙니다. 예배는 지금도 살아 계셔서 역사하시는

하나님께 우리의 온 마음과 정성을 드리는 것입니다. 하나님께 은혜를 받는 시간입니다. 하나님의 말씀을 받는 시간입니다. 이 예배를 어떻게 드려야 하는지 지금부터 자신을 비춰 보며 알아 봅시다.

† 가인과 아벨의 제사?

1 모두 함께 창세기 4장 1~15절까지 돌아가며 찬찬히 읽어 봅시다.

가인과 아벨의 제사 드리는 모습입니다.

2 가인과 아벨은 각각 무슨 일을 하면서 살았나요? (창세기 4:1~2)

가인 / 농 사 하는 자

아벨 / 양 을 치는 자

3 가인과 아벨은 시간에 지난 후에 하나님께 감사하기 위해 무엇을 했나요?

(창세기 4:3~4)

가인은 땅의 소산으로 제물을 삼아 여호와께 드렸고, 아벨은 양의 첫 새끼와 그 기름으로 드렸습니다.

4 가인과 아벨의 예배 중에 하나님께서는 누구의 예배를 기뻐 받으셨나요?

(창세기 4:4~5)

가인의 제사는 받지 않으시고, 아벨의 제사만 받으셨습니다.

가인의 제사와 아벨의 제사 중 아벨의 제사만 받으신 이유가 정확하게 나타나지는 않습니다. 하나님이 선하지 못했던 가인을 책망하는 것으로 연결되기 때문입니다. 이를 볼 때 가인은 '곡식의 일부'를 드렸고, 아벨은 '양의 첫 새끼와 그 기름'을 드렸기에 그렇다고 볼 수 있습니다. 왜냐하면 하나님께 드려지는 제물은 흠 없고 값을 치른 제물이어야만 하기 때문입니다_레위기 22:20-22; 사무엘하 24:24.

5 이 일로 인해 가인은 어떤 죄까지 범하게 되었나요? (창세기 4:8)

가인은 아벨을 들로 데리고 나가 죽이는 죄까지 범합니다. 8절에 '말하고'라는 단어의 의미를 볼 때 고대역본에서는 '우리가 들로 나가자'라는 뜻으로 사용되었다는 것을 확인할 수 있습니다. 가인은 아벨을 죽이기 위하여 들로 데리고 나갔습니다.

6 창세기에서는 왜 하나님께서 아벨의 제사만 받고 가인의 제사는 받지 않으셨는지 알려 주고 있지 않습니다. 하지만 신약 성경에서는 왜 하나님께서 그렇게 하셨는지를 알려 줍니다. 다함께 히브리서 11장 4절을 찾아서 적어 봅시다.

아벨은 믿음으로 더 나은 제사를 드린 것입니다. 이 말은 두 형제가 드린 제사의 차이가 제사의 실체에 있는 것이 아니라 두 형제의 태도에 있었다는 뜻입니다. 아벨은 믿음으로 제사를 드렸고, 가인은 그렇지 못했다는 것입니다.

7 믿음으로 아벨이 가인보다 더 나은 제사를 드렸다는 말은 무엇을 뜻할까요? 곡식으로 제사를 드려야 하는 걸까요? 생각해 봅시다. (참고, 레위기 2장)

단순한 제물의 차이가 아니라는 뜻입니다. 레위기 2장에서 볼 수 있는 제사방법은 소제입니다. 이것이 곡식을 가루로 만들어 하나님께 드리는 제사 방법이죠. 결국 제물이 문제가 아니라는 사실입니다. 제사를 드리는 두 사람의 태도와 마음가짐이 문제였다는 것입니다.

† 신령과 진정으로…

 우리는 하나님께서 가인이 드린 제사를 받지 않는 이유가 제사의 방법 때문이 아니라고 배웠습니다. 사실 믿음으로 드린다, 드리지 않는다 하는 것은 구분하기가 쉽지 않을 것 같습니다. 도대체 믿음으로 더 나은 예배를 드리기 위해서는 어떻게 해야 할까요? 예수님께서 사마리아의 수가 성 여인과 나눈 대화를 통해서 그 해답을 찾아 봅시다.

8 수가 성 여인은 예수님과 잠시 동안 대화를 나누면서 예수님이 보통 사람이 아닌 선지자라는 것을 깨달았습니다. 어떻게 깨닫게 되었나요? (요한복음 4:15~17)

예수님은 목마르지 않게 해달라는 여인에게 남편을 데려오라고 동문서답 하십니다. 이에 여인은 남편이 없다고 대답합니다. 그런데 예수님은 이 대답에 "그 말이 옳다"고 말씀하십니다. 이를 통해 여인은 예수님의 존재를 알게 되었습니다. 다섯 명이나 되는 남편이 있었음에도 그 남편들이 진정한 남편은 아니기에 없다고 했는데 그 말이 '옳다' 라고 말씀하셨기 때문입니다. 이것은 일반인은 절대 할 수 없는 엄청난 능력입니다.

9 수가 성 여인은 만족을 얻기 위해 그동안 많은 죄를 저지르면서 살았지만, 아무런 만족을 얻지 못했습니다. 게다가 이 여인은 하나님께 드리는 예배에 대해서도 만족하지 못했죠. 왜 그랬을까요? (요한복음 4:20)

여인은 예배 장소가 중요하다고 생각하고 있었습니다. 사마리아 사람들은 그리심 산에 성전을 세우고 예배드렸습니다. 예수님이 유대인임을 알았던 여인은 유대인들이 드리는 예루살렘 성전과 사마리아 사람들이 드리는 그리심 산 성전을 비교하고 있었습니다.

10 여인이 묻는 질문에 대해 예수님이 대답하신 것은 정말 엉뚱한 것이었습니다. 예수님은 뭐라고 답을 하셨나요? (요한복음 4:21)

이 산도 아니고 저 산도 아니라고 말씀하셨습니다. 즉, 성전의 자리는 전혀 중요하지 않다는 것입니다. 도리어 아버지께 예배할 때가 온다고 말씀하셨습니다.

11 예수님께는 예배를 어디서 드리는가는 그리 중요하지 않았어요. 예수님은 우리가 예배드릴 때에 가장 중요한 것이 무엇이라고 말씀하셨나요? (요한복음 4:23)

하나님 아버지께 진짜 예배드리는 자는 영과 진리로 드린다고 말씀하셨습니다. 이것은 예배를 받으시는 하나님과 예배를 드리는 자가 서로 통해야 한다는 것입니다. 다시 말해서 하나님이 원하시는 예배가 무엇인지를 생각하며 하나님께 맞추어진 예배를 드려야 한다는 것입니다.

12 하나님은 참으로 예배하는 자를 지금도 찾고 계신다고 말씀하시며, 그 예배를 기뻐 받으신다 하십니다. 하나님이 기뻐 받으시는 제사는 어떤 제사일까요? 로마서 12장1절을 찾아서 읽고 빈칸에 들어갈 말을 넣어 보세요.

너희 몸을 하나님이 기뻐하시는 | 거 | 룩 | 한 | 산

| 제 | 물 | 로 드리라

이는 너희가 드릴 | 합 | 당 | 한 | 예 | 배 |니라

13

자신을 돌아 봅시다. 그리고 지난날 자신의 예배 자세를 생각해 보세요. 어떤 것은 잘했고 어떤 것은 잘못했는지 적어 봅시다.

잘한 점	잘못한 점

◐ 진실된 고백이 담겨 있는 답인지 확인시켜 줍니다. 그래서 아닌 아이들은 다시 답할 수 있는 기회를 줍니다. 그래서 이 두 가지 유형을 가지고 "실천하기"와 연결시키세요.

실천하기

예배는 형식이 아니라 우리의 정신입니다. 이 정신으로 하루하루를 살아가야 할 것입니다. 올바른 예배를 위해 내가 버려야 할 것과 실천해야 할 것을 적어 봅시다.

버려야 할 것	실천해야 것

▶▶▶ "실천하기" 통해 아이들이 배운 것을 실천하게 하십시오. 스스로 실천하기에 의지가 약한 아이들에게도 기회를 주어야 합니다. 또한 "실천하기"는 예수님을 닮을수록 예수님이 주시는 한 없는 복을 간접적으로 느낄 수 있는 효과가 있습니다. 교사가 해줄 수 있는 것은 두 가지입니다. 먼저, 함께 실천하는 것입니다. 다짐하고 한 주 동안 실천하는 것입니다. 두 번째는 실천한 아이들을 칭찬해 주는 것입니다. 진심을 다해 칭찬해 주십시오. 아무리 사소한 다짐이라 할지라도 최고의 칭찬을 하십시오. 그것은 아이들이 새로운 다짐을 하게 하는 능력이 됩니다.

진정한 예배는 습관이나 행사로 드릴 수 있는 것이 아닙니다. 겉으로 보면, 우리의 예배가 일종의 행사와 같이 보일 수 있지만 눈에 보이는 것이 결코 전부가 아닙니다. 정말 중요한 것은 예배를 드리는 한 사람 한 사람의 믿음과 마음의 자세입니다. 찬송하고 헌금하는 우리의 마음이 과연 하나님께만 향해 있는지를 살펴봐야 하는 것입니다. 예배를 드리기 위해서는 '준비된 마음'이 꼭 필요합니다.

기도 하나님의 자녀로서 훈련받는 자가 잊지 말아야 할 것은 바로 기도입니다. 모든 훈련은 기도로 마무리합니다. 하나님 앞에서 훈련받기로 한 자신을 위해, 함께할 친구들을 위해, 훈련을 도와주실 선생님을 위해 기도하는 시간을 가지십시오. 기도는 진지하게 이루어져야 합니다. 훈련 때는 혹여 장난할 수 있으나 기도할 때는 꼭 정숙하고 가장 바른 자세가 되도록 지도하십시오. 기도는 하나님께 드리는 것입니다. 제자훈련 중 가장 정숙하고 진지한 시간이 되어야 합니다.

{ 기도로 여는 하나님 나라!

 기도는 놀라운 것입니다. 우리의 입술에서 흘러나간 기도는 하늘에까지 날아올라 하나님의 가슴에 전달됩니다. 그러므로 이 기도는 우리의 생활 속에서 꼭 이루어지는 능력이요, 우리의 유일한 무기입니다. 참된 기도의 능력을 맛보세요.

요 일	기도 대상자	기 도 제 목
일		
월		
화		
수		
목		
금		
토		

{ 하나님과 함께 가는 길

예수님의 생각을 따라 생각하고, 예수님이 행하신 대로 행동하며, 나보다 남을 위해, 나보다 하나님의 나라를 위해, 나를 자랑하기보다 하나님의 영광을 위해 살아가는 삶을 위해 다음을 실천해 봅시다.

1 매일 시간을 정해서 하나님과 대화하기

1 나의 이번 주 기도 제목

....

2 내가 이번 주 고치기로 다짐한 것

....

3 나라와 세계를 위한 기도 제목

....

2 매일 성경 말씀을 읽으며 하나님의 생각과 같은 생각하기

1 설교 말씀을 통해 내가 깨달은 것은?

....

2 하나님의 자녀로서 세상의 빛과 소금이 되기 위해 실천하기로 다짐한 것은?

....

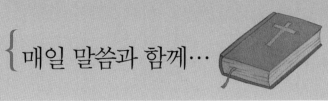

{ 매일 말씀과 함께…

년 월 일 (월) 본문 :	
줄거리	
느낀 점	
적용하기	

년 월 일 (화) 본문 :	
줄거리	
느낀 점	
적용하기	

년 월 일 (수) 본문 :	
줄거리	
느낀 점	
적용하기	

년 월 일 (목) 본문 :	
줄거리	
느낀 점	
적용하기	

년 월 일 (금) 본문 :	
줄거리	
느낀 점	
적용하기	

년 월 일 (토) 본문 :	
줄거리	
느낀 점	
적용하기	

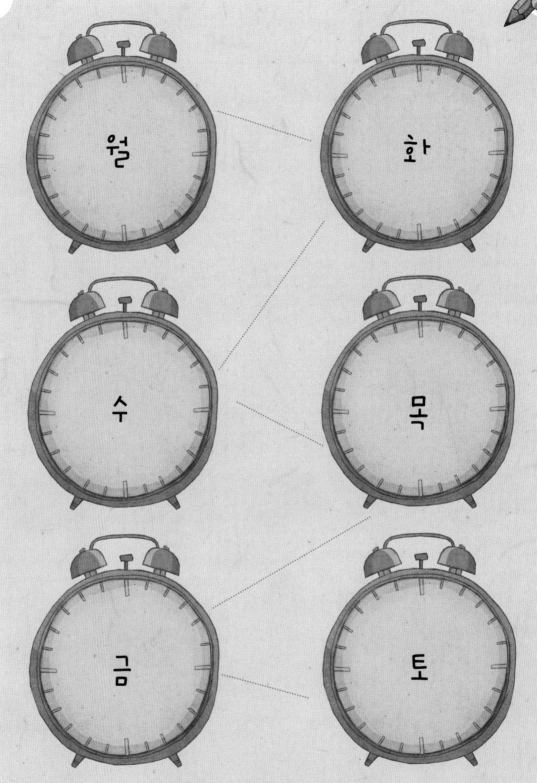

예닮학교를 위해 사용할 시간을 계획해 봐요.
● 지킨 것: 녹색   ● 지키지 못한 것: 빨강색   ● 취소한 것: 노란색

"예수님이라면 어떻게 하실까?"

찰스 M. 셸던이 지은 『예수님이라면 어떻게 하실까?』라는 책을 읽고 지금까지의 삶을 반성하는 의미로 자신의 경험을 하나 예를 들면서 독후감을 써 봅시다. (출판사: 브니엘)

6과

어떻게 해야 제자로 사는 걸까요?

사도행전 2장, 데살로니가전서 1장,

이같이 너희 빛이 사람 앞에 비치게 하여 그들로 너희 착한 행실을 보고 하늘에 계신 너희 아버지께 영광을 돌리게 하라 ▪ 마태복음 5:16

1) 도입

동물의 특징을 살려보는 게임을 합니다.
강아지하면 무엇이 생각나나요? "멍멍", "헤헤~"
고양이하면 무엇이 생각나나요? "야옹", "밤에 지나가는데 파란 눈으로 쳐다보는 모습"
코끼리하면 무엇이 생각나나요? "긴 코", "커다란 귀와 엉덩이"
돼지하면 무엇이 생각나나요? "꿀꿀", "냄새"
독수리하면 무엇이 생각나나요? "매서운 눈", "뾰족한 부리와 발톱", "멋진 날개"
그렇다면 예수님의 제자하면 무엇이 생각나요?
이렇게 연결합니다.

2) 과제물 점검

① 큐티 점검
한 주 동안 묵상한 말씀 중 가장 은혜로운 말씀을 한 가지씩 나눕니다.

② 성구 암송
"이같이 너희 빛이 사람 앞에 비치게 하여 그들로 너희 착한 행실을 보고 하늘에 계신
너희 아버지께 영광을 돌리게 하라"_마태복음 5:16.

③ 기도 나눔!
지난 주 가장 열심히 기도했던 기도 제목은 무엇이었나요?
간절한 마음으로 기도한 것이 무엇인지 고백하는 것은 중요합니다.

④ 설교 나누기
지난 주 설교가 무엇이었는지, 설교를 듣고 행한 일이 무엇이었는지 나눕니다.

⑤ 독서 감상문 나누기
『예수님이라면 어떻게 하실까?』을 읽고 느낀 점을 나눕니다.

⑥ 일일시간표 나누기
제자훈련을 위해 사용한 시간을 중점으로 나눕니다.
매일 하는 것이 중요합니다!

3) 이 과의 목적

우리는 하나님께 진정한 예배를 드릴 수 있어야 합니다.
진정한 예배가 무엇인지 정확히 아는 시간이 되어야 합니다.

예수님께서 승천하신 이후, 사도들이 가는 곳마다, 그리고 초대교회가 각 지역에 설 때마다 그 숫자에 관계없이 분명 놀라운 일들이 일어났습니다. 사회의 악하고, 어두운 것들이 물러가는 일들이 일어났죠. 우리나라에만 예수님을 믿는다는 사람의 수가 전체 인구의 4분의 1입니다. 한국에는 이렇게 많은 예수님의 제자들이 있는데 왜 사회는 더욱 어려워지고 부패해져만 갈까요? 정부의 잘못일까요? 아닙니다. 그것은 바로 우리의 잘못이요, 우리의 문제인 것입니다. 왜냐고요? 지금부터 알아 봅시다.

† 믿음에 본이 되는 예수님의 제자들

1 데살로니가전서 1장 2~10절까지 읽어 봅시다.

2 바울은 데살로니가 교회 성도들이 어떤 사람이라고 말하고 있나요?

(데살로니가전서 1:6)

바울과 예수님을 본받아 산 사람들이라고 칭찬했습니다.

3 바울은 또한 데살로니가 교회 성도들을 어떻게 칭찬하고

있나요? (데살로니가전서 1:6~7)

데살로니가 교회 성도들이 타지역인 마게도냐와
아가야에 있는 모든 사람들의 본이 된다고 말했
습니다.

4 바울이 데살로니가 교회 성도들을 칭찬한 이유는 무엇이었나요?

(데살로니가전서 1:6)

데살로니가 교회 사람들은 많은 환란 속에서도 성령의 기쁨으로 말씀을 받아 바울과 예수님을 본받아 산 사람들이었기 때문입니다.

† 세상에 본이 되는 예수님의 제자들

5 사도행전 2장 41~47절을 읽어 봅시다.

베드로의 설교를 듣고 개종한 사람들이 서로 함께 사는 아름다운 모습입니다. 교회의 모범이 됩니다.

6 베드로의 설교로 예루살렘 교회에는 어떤 일이 일어났나요? (사도행전 2:41)

3천 명이 한꺼번에 세례를 받고 예수님을 구주로 영접하였습니다.

7 예루살렘 교회에 갑자기 사람이 삼천 명씩 늘어나자 성도들이 감당하기가 어려워졌습니다. 그래도 성도들은 당황하지 않았습니다. 어떻게 했죠?

(사도행전 2:42, 44~46)

사도들의 가르침을 받아 서로 교제하고 떡을 떼며 오직 기도하는데 힘썼습니다. 서로의 물건을 통용하고 재산을 팔아 나눠주며 날마다 같이하여 성전에 모이는 데 힘썼습니다. 서로 기뻐하며 음식도 나누어 먹었습니다.

8 그런데 신기한 일이 일어났습니다. 분명히 성도들은 교회 일에 분주했는데 성경은 예루살렘 성도들이 누구에게 칭찬을 받았다고 말씀하나요? (사도행전 2:47)

온 백성들에게 칭송을 받았습니다. 즉, 세상 사람들에게도 인정받았다는 것입니다.

9 이 두 교회를 통해서 예수님을 믿는 사람들은 교회 성도들 뿐만 아니라 믿지 않는 사람들 사이에서도 모범이 되어 칭찬받았다는 것을 보았습니다. 이렇게 예수님을 믿는 사람들은 세상에 본이 되어야 합니다. 여러분은 어떻습니까? 여러분은 교회에서나 학교에서, 혹은 동네에서 다른 사람들에게 모범을 보이고 칭찬을 받는 사람입니까? 자기를 돌아보며 고백해 봅시다.

교회나 학교, 동네(학원)에서 어떤 존재인지 물어 봅니다. 세 가지를 전부 적지 않은 친구들에게는 다시 질문하세요. 또한 셋 중에서 가장 인정받고 칭찬받는 곳은 어디인지도 물어 봅니다. 그 질문에 대답하면 왜 그곳을 제외한 다른 곳에서는 그만큼 인정받지 못하는지 물어 봅니다. 그럼으로써 자신의 삶을 돌아볼 기회를 만들어 주세요.

하나님은 이 세상을 창조하실 때, 하나님의 형상에 따라 흠이 없는 빛으로 창조하셨습니다. 하지만 사람들은 하나님의 바람과는 상관없이 하나님의 말씀에 불순종하여 죄를 짓게 되었고, 그 이후로 이 세상의 모든 사람들은 죄로 묶인 어두움 가운데서 살게 되었습니다. 하지만 하나님은 이 세상을 어두움 가운데 그대로 두지 않으시고 처음 만드셨던 원래대로 돌이키기 원하셔서 하나님의 아들이신 예수님을 우리에게 보내 주셨죠.

† 나를 세상의 빛으로 부르신 주님

10 예수님께서 자신을 뭐라고 말씀하셨나요? (요한복음 8:12) 이 말씀을 깊이 묵상하고 우리를 왜 부르셨는지 생각해 봅시다.

"나는 세 상 의 빛 이니 나를 따르는 자는 어 둠 에 다니지 아니하고 생 명 의 빛 을 얻으리라."

11 사도 요한은 하나님에 대해서 뭐라고 말씀하셨나요? (요한일서 1:5)

"우리가 그에게서 듣고 너희에게 전하는 소식은 이것이니 곧 하나님은 빛이시라 그에게는 어둠이 조금도 없으시다는 것이니라"_요한일서 1:5.

하나님은 빛이십니다.

12 이렇게 하나님도 빛이시고 그 아들이신 예수님도 빛이십니다. 그렇다면 그분을 믿고 따르는 우리는 무엇일까요? (마태복음 5:14, 참조 5:13)

"너희는 세상의 빛이라 산 위에 있는 동네가 숨겨지지 못할 것이요"_마태복음 5:14.

우리도 세상의 빛입니다.

13 빛을 비추지 않는 빛이 있을 수 있을까요? 그것은 말도 안 되는 거짓말입니다 (요한일서 1:6~10). 그렇다면 하나님이 우리를 부르신 이유는 무엇일까요? (마태복음 5:16)

"이같이 너희 빛이 사람 앞에 비치게 하여 그들로 너희 착한 행실을 보고 하늘에 계신 너희 아버지께 영광을 돌리게 하라"_마태복음 5:16.

하나님은 빛입니다. 그분이 우리를 구원하심으로 우리가 그분과 함께 사귈 수 있게 되었습니다. 그런데 하나님과 관계를 맺으면서 빛 된 모습으로 살지 않는다면 그것은 거짓입니다. 따라서 우리는 우리 안에 있는 빛이 사람 앞에 비추며, 우리의 행실을 보고 사람들이 하나님 아버지께 영광을 돌리게 해야 합니다.

14 우리가 빛과 소금으로 살지 않으면 과연 어떻게 될까요? (마태복음 5:13)

"너희는 세상의 소금이니 소금이 만일 그 맛을 잃으면 무엇으로 짜게 하리요 후에는 아무 쓸 데 없어 다만 밖에 버려져 사람에게 밟힐 뿐이니라"_마태복음 5:13.

소금이 맛을 잃으면 아무 쓸 데 없어 밖에 버림을 받고 사람들에게 밟힐 뿐입니다.

15 우리가 빛으로 살면서 하나님께 영광을 돌리는 것이 우리가 사는 이유이며, 하나님께서 우리를 지으신 이유입니다. 더욱 중요한 것은 이 사실을 우리뿐

만 아니라 세상 사람들도 다 안다는 것입니다. "예수 믿는 사람들이 뭐 저래?" "확실히 예수 믿는 사람들은 달라!" 이런 말들을 하는 것을 보면 알 수 있습니다. 여러분은 어떻습니까? 여러분은 빛의 자녀로 살고 있습니까? 빛이 세상에 비추면 분명 어둠은 물러간다고 말씀하시는데, 이 세상이 아직 어둠 가운데 있다면 그것은 누구의 책임일까요?

"우리요!"라는 대답이 나올 것입니다. 이때 "나"라는 대답으로 바꿔 주어야 합니다. 그래서 나 자신에게 직접 적용되는 문제점으로 인식할 수 있게 해주세요. 그래야 다짐할 수 있고 변화될 수 있을 것입니다.

† 우리를 도우시는 성령님과 함께 빛으로, 소금으로!

16 우리는 분명 하나님을 믿고 예수님의 제자라고 고백까지 했는데 왜 이렇게 빛과 소금으로 살기가 어려울까요? (로마서 7:14~25)

우리가 아직 죄 가운데서 못 벗어났기 때문입니다. 로마서 7장 말씀은 우리가 아직 죄 가운데 살고 있음을 확실히 보여 줍니다. 로마서 저자는 우리가 죄를 짓는 것은 죄를 짓고 싶어서가 아니라 내 속에 거하는 죄로 인하는 것이라고 말합니다.

17 그렇다면 빛과 소금으로 살기 위해 우리는 어떻게 해야 할까요?

(로마서 8:13~16, 26)

성령에 의지해야 합니다. 육신대로 살아가지 말고 그 몸의 행실을 죽이며 하나님 영의 인도함을 받아 살아야 합니다.

18 이제 우리는 우리가 누구이며 누구를 의지해야 하는지 알았고, 빛으로 살 준비가 된 것 같습니다. 그럼 성경은 우리에게 어떻게 살라고 말씀하시는지 적어 봅시다. (로마서 12:9~21)

악을 미워하고 선에 속하십시오(9절).
형제를 사랑하여 서로 우애하고 존경하기를 서로 먼저 하세요(10절).
부지런하여 게으르지 말고 열심을 품고 주를 섬기세요(11절).
소망 중에 즐거워하며 환난 중에 참으며 기도에 항상 힘쓰세요(12절).
성도들의 쓸 것을 공급하며 손 대접하기를 힘쓰세요(13절).
박해하는 자를 축복하십시오(14절).
즐거워하는 자들과 함께 즐거워하고, 우는 자들과 함께 우십시오(15절).
마음을 같이하여 높은 데 마음을 두지 말고, 낮은 데 처하며 지혜 있는 척 하지 마세요(16절).
악을 악으로 갚지 말고, 모든 사람 앞에서 선한 일을 도모하십시오(17절).
모든 사람과 더불어 화목하세요(18절).
원수를 스스로 갚지 말고 하나님의 진노하심에 맡기세요(19절).
원수가 배고파하거든 먹이고, 목말라하거든 마시게 하세요(20절).
악에게 지지 말고, 선으로 악을 이기십시오(21절).

➲ 너무나 많은 것을 지키는 것 같습니다. 그러나 중요한 것은 세상 사람들과 다르게 살아야 한다는 것입니다.

한 주 동안 꼭 실천해요!
내가 제자답게 살지 못하게 가로 막는 사람과 일이 무엇인지 생각해 봅시다. 그리고 준비된 종이에 이제부터는 어떻게 할 것인지를 적어 봅시다.

버려야 할 것	실천해야 할 것

▶▶▶ "실천하기" 통해 아이들이 배운 것을 실천하게 하십시오. 스스로 실천하기에 의지가 약한 아이들에게도 기회를 주어야 합니다. 또한 "실천하기"는 예수님을 닮을수록 예수님이 주시는 한 없는 복을 간접적으로 느낄 수 있는 효과가 있습니다. 교사가 해줄 수 있는 것은 두 가지입니다. 먼저, 함께 실천하는 것입니다. 다짐하고 한 주 동안 실천하는 것입니다. 두 번째는 실천한 아이들을 칭찬해 주는 것입니다. 진심을 다해 칭찬해 주십시오. 아무리 사소한 다짐이라 할지라도 최고의 칭찬을 하십시오. 그것은 아이들이 새로운 다짐을 하게 하는 능력이 됩니다.

기도   하나님의 자녀로서 훈련받는 자가 잊지 말아야 할 것은 바로 기도입니다. 모든 훈련은 기도로 마무리합니다. 하나님 앞에서 훈련받기로 한 자신을 위해, 함께할 친구들을 위해, 훈련을 도와주실 선생님을 위해 기도하는 시간을 가지십시오. 기도는 진지하게 이루어져야 합니다. 훈련 때는 혹여 장난할 수 있으나 기도할 때는 꼭 정숙하고 가장 바른 자세가 되도록 지도하십시오. 기도는 하나님께 드리는 것입니다. 제자훈련 중 가장 정숙하고 진지한 시간이 되어야 합니다.

{ 기도로 여는 하나님 나라!

 기도는 놀라운 것입니다. 우리의 입술에서 흘러나간 기도는 하늘에까지 날아올라 하나님의 가슴에 전달됩니다. 그러므로 이 기도는 우리의 생활 속에서 꼭 이루어지는 능력이요, 우리의 유일한 무기입니다. 참된 기도의 능력을 맛보세요.

요 일	기도 대상자	기 도 제 목
일		
월		
화		
수		
목		
금		
토		

{ 하나님과 함께 가는 길

예수님의 생각을 따라 생각하고, 예수님이 행하신 대로 행동하며, 나보다 남을 위해, 나보다 하나님의 나라를 위해, 나를 자랑하기보다 하나님의 영광을 위해 살아가는 삶을 위해 다음을 실천해 봅시다.

1 매일 시간을 정해서 하나님과 대화하기

1 나의 이번 주 기도 제목

----

2 내가 이번 주 고치기로 다짐한 것

----

3 나라와 세계를 위한 기도 제목

----

2 매일 성경 말씀을 읽으며 하나님의 생각과 같은 생각하기

1 설교 말씀을 통해 내가 깨달은 것은?

----

2 하나님의 자녀로서 세상의 빛과 소금이 되기 위해 실천하기로 다짐한 것은?

{ 매일 말씀과 함께…

	년 월 일 (월) 본문 :
줄거리	
느낀 점	
적용하기	

	년 월 일 (화) 본문 :
줄거리	
느낀 점	
적용하기	

년　　월　　일 (수)　본문 :	
줄거리	
느낀 점	
적용하기	

년　　월　　일 (목)　본문 :	
줄거리	
느낀 점	
적용하기	

년 월 일 (금) 본문 :		
줄거리		
느낀 점		
적용하기		

년 월 일 (토) 본문 :		
줄거리		
느낀 점		
적용하기		

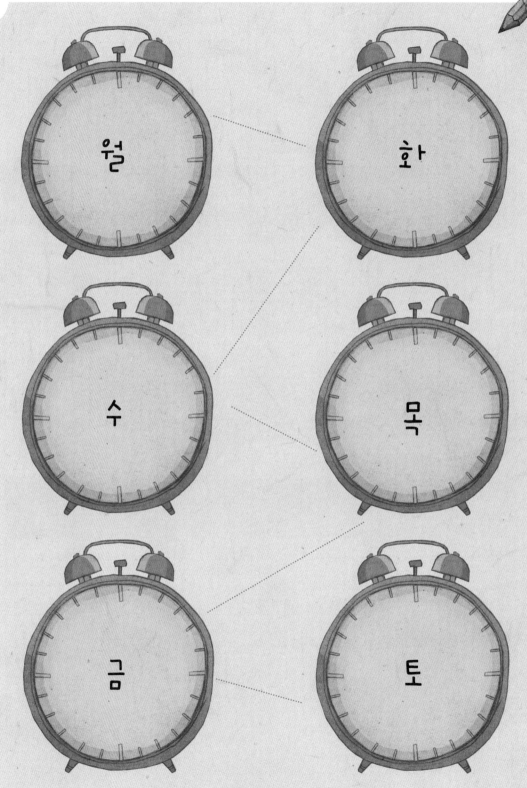

예닮학교를 위해 사용할 시간을 계획해 봐요.
●지킨 것: 녹색 ●지키지 못한 것: 빨강색 ●취소한 것: 노란색

"아름다운 사랑의 빛"

우리는 쉽게 예수님을 믿고 살지만 그렇게 되기까지 수많은 믿음의 조상들, 특히 목숨을 아끼지 않고 복음을 우리나라에 전하신 아름다운 순교자들의 발자취가 있었습니다. 이 발자취를 따라가기 위해 먼저 어린이를 위한 제자 이야기 제2권 『하나님이 보고 계셔요』를 읽고 아래에 나오는 순교자에 대해서 조사해 보고 이 분들의 순교에 대해 느낀 점을 적어 봅시다. (출판사: 국제제자훈련원)

1. 스데반 집사

---

2. 토마스 선교사

---

3. 주기철 목사

....

....

....

....

4. 느낀 점을 적어 봅시다.

....

....

....

....

....

....

7과

나의 꿈? 하나님의 꿈!

다니엘서

하나님이 그들에게 복을 주시며 하나님이 그들에게 이르시되 생육하고 번성하여

땅에 충만하라, 땅을 정복하라, 바다의 물고기와 하늘의 새와 땅에 움직이는 모든

생물을 다스리라 하시니라 🔖 창세기 1:28

1) 도입

요즘 세상에서 가장 인기 있는 직업은 무엇일까요?
여러 가지 직업들이 나올 것입니다. 그리고 그 중 자기가 하고 싶어 하는 직업이 있을 것입니다. 이러한 상황 속에서 "그렇다면 하나님이 가장 좋아 하시는 직업은 무엇일까요?"라고 질문합니다. 그렇게 해서 자연스럽게 하나님의 꿈을 꾸고 살아야 함을 알려 줍니다.

2) 과제물 점검

① 큐티 점검
한 주 동안 묵상한 말씀 중 가장 은혜로운 말씀을 한 가지씩 나눕니다.

② 성구 암송
하나님이 그들에게 복을 주시며 하나님이 그들에게 이르시되 생육하고 번성하여 땅에 충만하라, 땅을 정복하라, 바다의 물고기와 하늘의 새와 땅에 움직이는 모든 생물을 다스리라 하시니라_창세기 1:28.

③ 기도 나눔!
지난 주 가장 열심히 기도했던 기도 제목은 무엇이었나요?
간절한 마음으로 기도한 것이 무엇인지 고백하는 것은 중요합니다.

④ 설교 나누기
지난 주 설교가 무엇이었는지, 설교를 듣고 행한 일이 무엇이었는지 나눕니다.

⑤ 독서 감상문 나누기
『하나님이 보고 계셔요』와 신앙의 선배들의 이야기를 읽고 느낀 점을 나눕니다.

⑥ 일일시간표 나누기
제자훈련을 위해 사용한 시간을 중점으로 나눕니다.
매일 하는 것이 중요합니다!

3) 이 과의 목적

우리는 꿈을 꿀 때에도 하나님을 생각해야 합니다.
하나님이 원하시는 것이 무엇일지 생각하면서 내 꿈과 연결시킬 수 있어야 합니다.

이제 우리가 누구인지, 어떻게 사는 것이 하나님의 뜻에 맞게 사는 것인지 배웠습니다. 또한 하나님은 우리가 그냥 하루하루 사는 것에 만족하지 않고 큰 목표를 가지고 살기를 원하십니다. 어떤 사람들에게는 큰 집에 살면서, 좋은 차를 몰고 편안하게 사는 것이 목표가 될 수 있고, 또 어떤 사람에게는 큰 권력을 가져서 나라를 호령하면서 다스리는 것이 목표가 될 수 있겠죠. 그렇다면 과연 하나님께서는 우리가 어떤 목표를 가지고 살기를 원하실까요? 편안한 미래? 행복한 삶? 풍요로운 미래? 지금부터 그분의 뜻을 알아 봅시다.

† 복음의 빚진 자

1 '빚을 진다' 라는 의미가 무엇을 뜻할까요? 국어 사전을 찾아 보세요.

「…에/에게 …을」남에게 돈이나 물건 따위를 꾸어쓰다.
「…에/에게」남에게 신세를 지다.

2 여러분은 지금까지 빚을 진 적이 있나요? 있다면 어떤 빚을 누구에게 졌는지 말해 봅시다.

사소한 것이라도 대답하게 합니다.

빚을 지고 있는 사람이 빚을 갚지 않을 수 있는 방법이 있을까요? 아마 없을 겁니다. 빚은 꼭 갚아야 하는 것이죠. 우리는 부모님께 생명의 은혜를 입었기 때문에 부모님께 효도를 다합니다. 또한 학교 선생님께 배움의 은혜를 입었기 때문에 그 은혜에 보답하기 위해 열심히 공부하고 가르침에 합당한 사람이 되려고 노력합니다. 그런데 우리가 지금까지는 알지 못했지만 빚을 한 가지 또 지고 있답니다. 그것은 무엇일까요? 바로 하나님의 사랑의 빚, 곧 복음의 빚입니다. 우리가 어떻게 해서 복음의 빚을 지게 되었는지 알아 봅시다.

3 사도행전 6~7장의 주인공은 누구인가요? 또한 그 주인공이 어떤 일을 했으며, 어떤 일을 당했는지 알아 보세요.

스데반입니다. 스데반은 성령과 지혜가 충만하여 칭찬받는 사람 일곱 중 한 사람으로 뽑혔습니다. 그게 바로 첫 일곱 집사입니다. 스데반은 복음에 대한 열정으로 이방인들에게 복음을 전하다 유대인의 계략으로 순교하였습니다.

4 이 일이 있은 후에 예루살렘 교회에는 어떤 일이 일어났습니까?
(사도행전 8:1) 또한 그 결과는 어떻게 되었나요? (사도행전 8:4)

이 일이 있은 후 예루살렘 교회는 심한 박해가 있었습니다. 그로 인해 사도들을 제외한 모든 성도들이 유대와 사마리아 모든 땅으로 흩어졌습니다. 그러나 그 결과는 흩어진 모든 사람들이 자기가 도착한 곳에서 복음을 전해 복음이 도리어 널리 퍼지는 좋은 결과를 낳았습니다.

5 토마스 선교사에 대해서 조사해 온 것을 서로 이야기해 봅시다. 그리고 토마스

선교사로 인하여 우리나라가 어떤 영향을 받았는지 생각해 봅시다.

〈로버트 토마스〉

a. 1840년 9월 7일 출생.

b. 런던 대학교 졸업.

c. 1863년 12월, 중국 선교사로 파송 받음.

d. 상해의 겨울이 너무 추워 "한구"라는 지역을 알아 보기 위해 간 사이 아내가 세상을 떠남. 그때 토마스의 나이 23세!

e. 선교사 사직! 그 후 청국의 해상세관에서 통역.

f. 성서공회 알렉산더 윌리엄슨에 의해 한국 선교의 꿈을 키움.

g. 그 당시 한국은 천주교 신자들을 핍박. 천주교 핍박을 피해 도망 온 한국 천주교인 2 명을 만남. 그들과 조선의 종교적인 형편과 국내 실정에 대한 정보를 얻기 위해 1865 년 9월 4일 조선으로 출발. 상당량의 한문 성경을 보유. 2달 반 정도 황해도 연안의 창린도라는 섬에서 한국어를 배우고, 한국 선교를 준비.

h. 북경에 돌아와 한국 선교를 물색하던 중 평양감사 박규수를 만남(한국사절단).

i. 한국 사절단 중 한 사람이 몰래 준 쪽지에 적힌 내용.
"어느 외국인이 서해안에서 배포한 것과 같은 마태복음 책 하나를 구해 주시오."

j. 블란서의 보복. 블란서 함대를 타고 안내자 겸 통역관으로 조선에 갈 기회가 있었으나 인도차이나 폭동으로 갈 수 없게 됨.

k. 미국인 상선, 제너럴 셔먼호 통역 겸 안내자 승선(1866년 7월).

l. 몇 권의 중국어 성경을 가지고 감.

m. 블란서 함대가 공격해 올 것이라는 소문이 팽배하여 분위기가 좋지 않음. 쇄국정책. 외국인은 모두 블란서인으로 봄.

n. 제너널 셔먼호는 순수 무역선이 아닌 중무장한 배.

o. 제너럴 셔먼 호가 대동강 입구에 도착하자마자 조선에서는 소동이 남.

p. 토마스가 통상과 선교라는 입국 목적을 밝혀도 소용없음.
대동강 입구는 현재의 만경대.

q. 계속적인 반대와 진압. 필요한 물건이 있으면 돌아가라는 말에 토마스와 중국 조능봉 은 조선의 의견을 따르려고 했으나 상선의 선장은 결코 그 말을 따르지 않음.

r. 조그만 배를 타고 외국인 5명이 올라가자 이현익이 배를 타고 쫓아갔다. 그런데 갑자 기 배를 돌리더니 이현익을 끌고 배로 올라가 억류하고 돌려보내지 않음.

s. 조선의 이현익을 돌려달라는 애원에 총을 난사.

t. 계속되는 셔먼호의 이동을 막기 위해 평양감사 박규수가 직접 나와 셔먼호를 침몰시킴.

u. 불길에 휩싸인 셔먼호에 있던 선원들은 전원이 죽음을 당함. 육지로 나온 사람들도 모두 죽임을 당함. 토마스 선교사는 1권의 한문 성경을 가지고 육지로 나옴. 그리고 병졸 박춘권에게 성경을 건네려 했으나 거부함.

v. 죽음 앞에서 두려워하지 않고 마지막까지 성경을 전달하려는 토마스. 이는 성령의 능력이었다.

w. 26살의 짧은 나이로 토마스 선교사는 죽음을 맞이함.

x. 토마스 선교사의 영향력!!!
   - 대동강을 올라오면서 성경을 끊임없이 전달.
   - 장사포에서 성경을 받은 소년 홍신길
   - 석정호에서 성서를 받은 김영섭, 김종권
   - 만경대에서 성서를 받은 최치량(12세)
     → 이 네 사람은 후에 강서와 평양 판동교회의 창설자들이 됨.
   - 토마스를 죽인 병졸 박춘권은 집으로 가는 길에 성경을 주어 감. 그 성경을 읽고 예수를 믿은 후 박춘권은 안주교회 영수가 됨.
   - 그의 조카 이영태도 후에 예수님을 믿고 평양숭실전문학교를 졸업하고 한국인 성경번역위원회의 한 사람이 되어 한글 성경번역에 기여.
   - 최치량(12세)은 토마스가 준 세 권의 성경을 받고 보관하다가 무서워서 영문주사 박영식에게 전달. 박영식은 그 성경을 뜯어 도배. 최치량은 박영식 집에 갔다가 벽에 붙어 있는 성경을 보고 기독교인이 됨.
   "가로되 주 예수를 믿으라 그리하면 너와 내 집이 구원을 얻으리라 하고"(사도행전 16:31).
   "오직 성령이 너희에게 임하시면 너희가 권능을 받고 예루살렘과 온 유대와 사마리아와 땅 끝까지 이르러 내 증인이 되리라 하시니라"(사도행전 1:8).
   그 집은 후에 널다리골 예배당이 됨.

➡ 토마스 선교사가 선교한 기간은 하루도 채 되지 않지만 그 능력은 한국 선교에 엄청난 영향을 미쳤습니다.

6

주기철 목사님에 대해서 조사해 온 것을 서로 이야기해 봅시다. 그리고 목사님으로 인해 우리나라의 기독교가 어떤 영향을 받았는지 생각해 봅시다.

일제의 신사참배에 항거, 옥중에서 순교한 소양 주기철 목사

a. 성장기

주기철(1897~1944) 목사는 1897년 11월 25일 경상남도 창원군 웅천면 복부리(현재 진해시 웅천 1동)에서 주현성 씨의 4남 3녀 중 넷째 아들로 태어났다. 그가 태어난 웅천은 1595년 임진왜란 때 왜장 고니시(소서행장)가 웅천성에서 수많은 왜군을 이끌고 조선병사들을 무참히 학살했던 비운의 역사현장이기도 하다.

을사보호조약이 체결되자 일제가 웅천에 다시 침략해올 것을 우려했던 주 목사 일가의 어른 주기효는 민족 수난을 극복하기 위해선 힘을 길러야 한다며 이곳에 1906년 개통학교를 세웠는데 어린 기철은 이 학교에 입학, 투철한 민족정신과 남다른 민족애를 키웠다. 이즈음 그의 맏형인 주기원은 이곳에 웅천교회를 세워 목회활동을 시작했는데 어린 기철은 이 교회에 열심히 다녀서 '소년 목사'라는 칭호를 듣기도 했다.

개통학교 7년 과정을 마칠 무렵, 그는 당시 부산에서 우연히 춘원 이광수 애국강연을 듣고 감동 받아 춘원이 교장 대리로 있던 평북 정주의 오산학교에 진학하기로 결정한다. 오산학교에 진학한 그는 그곳에서 민족 지도자인 이승훈을 비롯, 조만식, 서춘 선생 등을 만나 철저한 민족교육과 함께 신앙교육을 받았다.

주기철은 1916년 오산학교를 졸업한 뒤 그해 4월 선교사들이 세운 연희전문학교 상과에 진학했다. 하지만 입학한 지 몇 달도 채 안돼 지병인 안질이 심해져 학업을 중단해야 할 지경에 이르렀다. 할 수 없이 학업을 포기하고 낙향한 그는 웅천교회에서 집사로 봉사하면서 동시에 교남학교에서 교편을 잡으며 야학과 청년운동에도 정열을 쏟았다. 이즈음 그는 김해교회 이기선 목사의 중매로 안갑수와 혼인했다.

b. 성령체험과 목회의 길

주기철은 1920년 마산 문창교회에서 열린 김익두 목사의 부흥회에 참석해 뜨거운 성령체험을 한 뒤 목사가 되기로 결심, 22년 3월 평양장로회신학교에 입학했다. 이곳에서 그는 마포삼열 교장을 비롯, 배위량, 왕길지, 곽안련, 나부열 등 쟁쟁한 교수진으로부터 철저한 신학교육을 받게 된다.

당시 그는 출신도 별로 나뉘어 있던 기숙사 제도의 맹점을 학교 당국에 시정토록 건의, 혼합방식을 채택토록 하는 선도적 역할을 해내기도 했다. 신학교 재학시절 양산읍교회 전도사로 시무한 그는 1925년 12월 신학교 졸업과 함께 경남노회에서 목사안수를 받고 부산초량교회 위임목사로 부임했다. 첫 부임지인 초량교회에서 그는 헌신적이고도 정열적으로 목회활동을 한다.

c. 신사참배 거부
당시 그는 구덕산 기슭에 자기 기도처를 정해 놓고 수시로 밤샘 기도를 했는데 이튿날 내려 올 때 온몸이 비를 맞은 듯 땀에 흠뻑 젖어 있었다고 전해진다. 또 외출도 하지 않으면서 설교원고를 집필, 완성된 원고를 토요일 밤까지 수십 번씩 낭독해 암송한 뒤에야 주일 설교에 나섰다고 한다. 그는 또 신사참배가 기독교 교리상 어긋난다며 '신사참배반대 결의안'을 경남노회에 제출, 정식 가결을 받아 내기도 했다.

그는 1936년 마산 문창교회에 이어 평양 산정현교회에 부임해 갔는데 이즈음 일제는 신사참배라는 무기로 한국 교회의 목을 죄어오기 시작했다. 일제는 신사참배에 반대하는 교인들을 모조리 구속하고 고문하는 잔악성을 드러내기 시작했다.

탄압이 계속되자 당시 평양에서 열린 제27회 장로회총회에서는 굴욕적인 신사참배를 공식 결의하기에 이르렀다. 대부분의 목회자들이 무기력하게 신사 앞에 무릎을 꿇었지만 주 목사와 뜻을 같이하는 일부 목회자들은 신사참배를 강요하는 일본군의 총칼 앞에 당당히 맞섰다.

d. 투옥 생활
이로 인해 주 목사는 1938년부터 1944년 마지막 순교할 때까지 모두 5차례 총 5년 4개월간의 투옥생활을 하게 된다. 그는 옥중에서 몽둥이찜질, 채찍질, 쇠못 밟기, 거꾸로 매달아 코에 고추 가루 뿌리기, 발바닥 때리기 등 상상도 할 수 없는 갖은 고문을 당하면서도 끝내 신앙적 변심을 하지 않았다.

7년 동안 구속과 석방을 거듭하며 안질, 폐병, 심장병 등이 악화돼 폐인이 되어갔지만 감옥에선 언제나 평화로운 얼굴로 성경말씀을 묵상하며 감사 찬양을 했다고 한다. 5번째로 구속돼 형무소에 갇히기 직전 자택에서 늙은 노모와 처자, 20여 명의 평양 산정현 교회 교인들이 모인 가운데 그는 생애 마지막 설교를 남겼다. "우리 주님 날 위해 십자가 고초 당하시고 십자가 지고 돌아가셨는데 나 어찌 죽음이 무섭다고 주님을 모른 채 하리이까. 오직 일사각오가 있을 뿐입니다. … 소나무는 죽기 전에 찍어야 시퍼렇고 백합화는 시들기 전에 떨어져야 향기롭습니다. 이 몸도 시들기 전에 주님 제단에 드려지기를 바랄 뿐입니다."

e. 유언과 순교
그는 투옥된 이후 취조와 고문을 혹심하게 당했다. 그로 인하여 그의 몸은 약해지고 드디어 그는 옥중에서 순교하게 되었다. 때는 1944년 4월 13일이었는데 그날 사모님과 마지막 면회 시에 남긴 말을 다음과 같다.

"어머님을 뵙고 싶구려…미음도 먹고 싶소. 나는 가나 산정현 양떼들은 어찌 하리이까?" 이때 사모님 되시는 오정모 집사님은 "그는 염려하지 마십시오" 하고 위로하였다. "그러면 안심하겠소. 어머님을 많이 위로해 드리시오." 이 말을 최후로 사모님과는 작별했다.

1944년 4월 21일 금요일 밤 9시 숱한 고문으로 만신창이가 된 그의 몸은 평양형무소의 한 귀퉁이에서 그날 밤 9시 30분에 49세로 세상을 떠났는데 "내 여호와 하나님이여 나를 붙잡으소서!" 하시고 웃으며 운명하셨다.

7 그분들은 무엇 때문에 자기 생명을 아끼지 않고 이렇게 끝까지 복음을 지켰을까요? 여러분의 생각을 말해 봅시다.

다양한 대답이 나올 것입니다. 모든 말을 들어주고 '복음의 빚진 자'에 대한 의미를 깨닫게 하는 것이 중요합니다.

만약에 그분들이 없었다면 우리는 지금 예수님을 알지도 못할 뿐더러 생명 없는 어둠 가운데서 마귀의 장난에 휘둘려 어디로 가는지, 어떻게 살아야 하는지 알지 못한 채 죽음을 향해 달려가고 있었을 겁니다. 하지만 그분들이 죽음을 각오하고 헌신하셔서 우리는 예수님을 알고 생명을 얻게 되었죠. 이것이 바로 우리가 진 복음의 빚입니다. 그러나 이 빚은 갚기 힘들 정도로 무거운 것이 결코 아닙니다. 왜 그럴까요? 그것은 바로 빛의 자녀가 된 사람들의 자연스러운 생활자세 때문입니다. 순교자들의 고귀한 헌신이 바로 우리 삶의 목표가 되기 때문입니다. 이 목표를 가지고 자신의 꿈과 미래를 설계하며 살아가는 여러분이 되어야 할 것입니다.

✝ 세상을 정복하라!

8 하나님께서는 노아에게 어떤 말씀을 주셨을까요? (창세기 9:1~2)

"생육하고 번성하여 땅에 충만하라." 모든 것을 우리 손에 주셨습니다.

9 하나님께서 아브람을 선택하실 때, 어떤 약속을 주셨나요? (창세기 12:2~3)

하나님은 아브람을 통해 큰 민족을 이루고, 복을 주어 이름을 창대하게 하여 복의 근원

이 되게 해주신다고 말씀하셨습니다. 그리고 아브람을 축복하는 자는 복을 내리고 저주하는 자는 저주를 내리겠다는 엄청난 말씀도 하셨습니다.

10 하나님께서 그리심 산에서 주신 축복의 말씀은 어떤 내용인가요? (신명기 28:1)

하나님의 명령을 지켜 행하면 하나님께서 세계 모든 민족 위에 뛰어나게 하신다고 말씀하셨습니다.

11 여호수아가 모세의 후계자로 세워질 때, 하나님께서는 여호수아에게 어떤 약속을 주셨나요? (신명기 31:3~8)

하나님은 모세에게 먼저 말씀하시고 여호수아에게 전달했습니다. 하나님의 말씀은 하나님께서 먼저 앞장서서 가실 것이며, 함께해 주심으로 대적자들을 모두 멸해 주실 것이니 두려워 말라는 것입니다.

12 다윗이 이스라엘의 왕이 되고 모든 적들을 물리쳤을 때, 하나님께서는 나단 선지자를 통해 다윗에게 어떤 약속의 말씀을 주셨나요? (삼하 7:8~16)

하나님께서 나단에게 하신 말씀은 다윗의 이름을 위대하게 해줄 것이며, 모든 원수에게서 벗어나게 해주신다는 약속이었습니다. 그뿐 아니라 다윗의 씨에서 나온 솔로몬까지 축복해 주셨으며, 다윗의 씨를 통해 이루어지는 나라가 하나님 앞에서 영원할 것임을 약속해 주셨습니다.

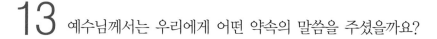

13 예수님께서는 우리에게 어떤 약속의 말씀을 주셨을까요?

(사도행전 1:8)

온 세상을 향한 증인이 되라고 명령하셨습니다.

14 이처럼 성경 전체에 흐르는 중심적인 이야기에는 2가지 공통점이 있습니다. 무엇인지 말해 봅시다.

첫째, 하나님의 자녀가 시대의 주인공입니다(시대를 다스려야 한다).
둘째, 하나님의 자녀답게 살면 한없는 축복으로 늘 함께해 주십니다.

15 이 이야기는 언제부터 하나님께서 우리에게 주신 말씀일까요? (창세기 1:28)

태초에 하나님이 천지를 창조하실 때부터 명령하신 말씀입니다.

16 우리가 성경말씀대로 살면서 하나님의 복을 받아 누리고, 우리를 통해서 세상이 하나님이 보시기에 좋은 땅으로 만들어지는 것이 바로 우리를 향한 하나님의 뜻입니다. 이 일을 위해 자기의 생명도 아끼지 않은 순교자들이 있었던 것이죠. 이것은 단순히 전도자가 되는 일, 선교사가 하는 일을 의미하지 않습니다. 일에 관계없이 그 정신을 의미합니다. 그 정신은 어떤 것일까요?

(고린도전서 10:23~33)

바울 사도는 다양한 상황들을 제시하면서 어떻게 행동해야 하는지를 알려 줍니다. 한마디로 더 정직하고 더 양심적인 모습으로 살아야 한다는 것입니다. 대신 이 모든 일을 함에 있어 하나님의 영광을 위하여 해야 합니다.

17 우리가 왜 이런 목표를 가지고 살아야 하는지에 대해서 성경은 뭐라고 말씀하실까요?

★ 베드로전서 1:24~25

세상의 모든 것은 썩어질 것입니다. 그러나 하나님의 말씀인 복음은 영원 무궁히 존재하는 것이기 때문입니다.

★ 요한일서 2:17

세상도, 정욕도 지나가면 아무 소용없지만 하나님의 뜻은 영원합니다.

18 여러분의 꿈과 미래를 말해 봅시다. 그리고 그 꿈을 꼭 이루어야 할 이유에 대해서 말해 봅시다. 그 꿈과 미래를 위해 어떻게 살 것인지도 말해 봅시다.

먼저 꿈이 무엇인지를 물어봅니다. 그리고 그 꿈이 하나님의 뜻에 어떤 유익을 줄 수 있을지 생각합니다. 그리하여 한 아이의 꿈이 하나님과 연결되도록 인도해 줍니다.

나는 어떤 꿈을 가질 것인지 생각해 봅시다. 그리고 그 꿈이 하나님께 사용 받기 위해 내가 준비해야 할 것이 무엇인지 생각하고 적어 봅시다. 내가 버려야 할 것과 실천해야 할 것은 무엇인가요?

버려야 할 것	실천해야 할 것

▶▶▶ "실천하기"

마지막 실천문제입니다. 이것은 누가 확인해 줄 수 없습니다. 하지만 학생 스스로 다짐하는 순간입니다. 아이들로 하여금 어떤 꿈을 가질 것이며, 그 꿈을 통해 어떻게 하나님께 사용 받을 것인지를 적게 한 후 아이들의 교재 안쪽에 붙일 수 있도록 해줍니다. 오늘 다짐한 것이 평생 남을 수 있도록 합니다.

기도 하나님의 자녀로서 훈련받는 자가 잊지 말아야 할 것은 바로 기도입니다. 모든 훈련은 기도로 마무리합니다. 하나님 앞에서 훈련받기로 한 자신을 위해, 함께할 친구들을 위해, 훈련을 도와주실 선생님을 위해 기도하는 시간을 가지십시오. 기도는 진지하게 이루어져야 합니다. 훈련 때는 혹여 장난할 수 있으나 기도할 때는 꼭 정숙하고 가장 바른 자세가 되도록 지도하십시오. 기도는 하나님께 드리는 것입니다. 제자훈련 중 가장 정숙하고 진지한 시간이 되어야 합니다.

"예닮학교를 마치면서…"

우리는 예닮학교를 통해서 새로운 친구도 알게 되고 선생님을 더욱 가까이 만나게 되었죠. 그러나 그보다 우리는 이 기간 동안 성경 말씀을 더욱 가까이 하게 되었고, 내가 어떤 사람인지, 어떻게 살아야 하는지, 그리고 앞으로 무엇을 위해 살아야 하는지를 배웠습니다. 이제 예닮학교를 마무리하는 시간입니다. 내가 이 과정을 통해서 무엇을 느꼈는지, 그리고 내가 그 전과 비교해서 어떤 점이 달라졌는지, 앞으로 어떻게 살아 갈 것인지 진지하게 생각해 봅시다.

⇒ 진지하게 기록할 수 있도록 선생님들의 자극이 필요합니다. 제자훈련 기간 동안 가장 중요한 시점에 와 있다고 해도 과언이 아닙니다. 한 학기 동안 배운 것을 총정리하여 자신에게 적용하는 순간입니다. 절대 함부로 적지 않도록 주지시키고 함께 세워갈 수 있도록 응원해 주어야 합니다.